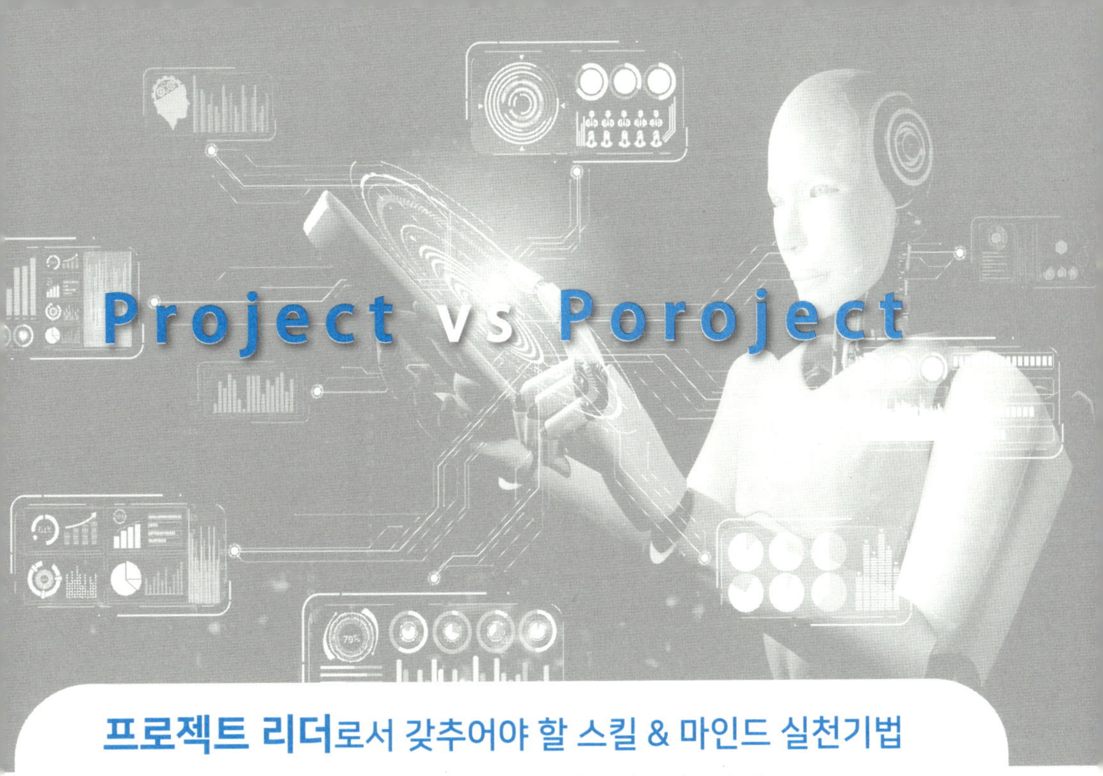

프로젝트 리더로서 갖추어야 할 스킬 & 마인드 실천기법

유능한 리더는 프로젝트(Project)하여 성장과 성과의 가치를 만들어 내고,
무능한 리더는 재미없는 포로젝트(Poroject)하여 갈등과 실패의 낭비를 만들어 낸다.

성장과 성과를 만들어 내는

프로젝트 리더 실무론

국제공인 프로젝트 관리기술사 | 이 경 환 |

소재,부품,장비 중 · 강소기업의 Work Smart 프로젝트 리더십 가이드 북
일하는 방식과 방법의 효과 / 효율적 접근, 프로젝트 기반의 업무관리를 통해
성장과 성과를 만들어 내어 새로운 가치 창출자로서의 프로젝트 리더상

도서출판 두남

추천의 글

뉴파워프라즈마(주) 대표이사
위 순 임
NEW POWER PLASMA

우리는 어릴 적부터 선생님의 지도에 따라 가르친 내용을 충실히 따르는 교육을 받아왔고 이를 통해 창의성을 강조하기보다는 규율을 잘 따르는 인력으로 성장해 왔습니다.

중소기업의 경우 이른바 우수한 인재보다는 회사를 사랑하는 마음을 가진 인원들의 중심으로 구성되어 있으며, 이들의 노력으로 회사가 성장하고 있습니다. 이렇다 보니 프로젝트 리더가 갖추어야 하는 덕목을 따져 프로젝트를 맡기는 것보다 어떠한 일을 해결해 나간 우수 사례가 있는 인원에게 업무를 시키는 방향으로 나아가는 상황입니다. 그래서 해당 인원만 성장하거나 성장의 한계를 느끼고, 업무의 집중도 저하 및 이로 인한 피로 등 문제점을 동반하고 있는 게 현실입니다.

본 저서는 앞서 언급한 문제점들을 저자의 오랜 프로젝트 추진 경험을 통해 일하는 방식과 방법의 개선 및 혁신, 창조적 변화를 위해 새로운 가치를 창출하고 성장과 성과를 가져온 사례를 중심으로 안내를 하고 있어 프로젝트 시작의 지침으로 삼을 수 있습니다.

본서를 통해 실행의 반복적이고 연속적인 상태의 지속 가능한 경영을 통해 경험을 축적해 나가며 성과를 창출해 나가시길 바랍니다.

추천의 글

엘오티베큠㈜ 대표이사
오 흥 식

국내에서는 불모지인 진공(Vacuum) 기술을 기반으로 반도체, 디스플레이 등 장비용 건식 진공펌프 사업을 창업하여 글로벌 기업과 경쟁하면서 많은 위기들을 극복하고 지속적인 성장을 견인하기 위해서는 결국, "기업은 곧 사람이다"라는 평소 인재에 대한 신념을 바탕으로 임직원의 성장과 역량제고에 힘쓰게 되었습니다.

이런 노력에 더해 고객사인 삼성전자의 「동반성장 상생협력 HRD 역량 컨설팅」에도 1기로 참여하게 되었으며, 당시 컨설팅 리더였던 저자의 높은 열의와 전문성으로 인재 육성 플랫폼 구축, 기술역량 내재화, 학습조직 등 다양한 노하우를 전수받게 되었으며, 이는 미래 기술 경쟁력을 탄탄하게 만드는 자양분이 되고 있습니다.

코로나19 팬데믹의 장기화로 많은 어려움에 직면한 상황에서 『성장과 성과를 만들어 내는 프로젝트 리더 실무론』의 출간은 리더의 역할 인식, 구성원의 자율과 창의성, 일하는 방식의 변화 등을 통해 새로운 가치와 성과를 창출해야 하는 많은 기업들에게 해답을 찾는데 매우 유용하다고 생각합니다. 시의적절한 지침서라 여겨지며, 이를 바탕으로 위기를 기회로 반전시켜 새로운 변화를 선도하는 기업으로 지속적인 발전을 이어가리라 확신합니다.

추천의 글

포항공대 석좌교수
삼성전자 DS부문 소프트웨어연구소 고문 역임
강 교 철

혁신은 절실한 문제 인식, 이를 개선하려는 강력한 의지에서부터 출발한다. 그러나 뜻과 의지만 있다고 해서 혁신이 성공하는 것은 아니다.

문제를 체계적으로 분석하고, 이를 해결할 수 있는 방법을 구성원과 함께 모색하고, 채택된 새로운 프로세스와 방법에 대하여 구성원 간에 공감대를 형성하여 조직에 내재화시켜서 업무 일상(日常)이 되고 새로운 가치를 창출할 수 있어야 만 성공했다고 할 수 있다.

혁신은 구성원의 마음을 움직여 그 동안 익숙했던 업무 방식을 새롭게 바꾸는 일이며, 따라서 체계적인 접근 방법뿐만 아니라 구성원과의 소통 기술이 성공을 좌우한다고 해도 지나치지 않다.

저자의 그 동안 오랜 현장 경험에서 우러나온 특유의 소통 능력과 리더십이 녹아 있는 저서를 보게 되어 매우 기쁘게 생각한다. 앞으로 많은 기업의 리더들이 필자의 경험으로부터 "포로"가 아닌 "프로"로 거듭나는 방법을 배우기 바란다.

추천의 글

삼성전자/삼성디스플레이 경영임원 역임
수원하이텍고등학교 교장 이 의 근
수원하이텍고등학교
Suwon Hi-tech High School

직장과 직업 그리고 성과 창출의 함수관계를 늘 고민하고 바른 모습으로 대응하고자 솔선하는 "직장생태학자" 이경환 박사가 10년 만에 두 번째 저서를 썼습니다. 갈등과 실패의 낭비를 유발하는 "포로젝트"가 아닌 성장과 성과의 가치를 만들어 내는 제대로 된 "프로젝트"를 해야 한다는 한마디에 이 책의 집필 동기가 다 들어있다고 봅니다. 현장컨설팅 업무를 하면서 얼마나 많은 리더들에게 올바른 프로젝트 추진을 강조하고 교육을 하다가 이제는 책으로 내게 되었을까요?

각 개인들의 인생은 그 자체가 거대 프로젝트라고 생각합니다. 그래서 그 인생 안에는 또한 수많은 실행 프로젝트들이 자리를 잡고 있지요. 또한 사람과 사람이 모여서 직장생활을 함께 하고 일을 하는 것도 따지고 보면 모두 프로젝트 기반의 활동입니다.

이 책에서는 개인의 일이든 조직의 업무든 관계없이 성장과 성과를 내서 궁극적인 성취를 이루는 데 프로젝트가 왜 필요한지(Why), 그 정의와 개념은 무엇인지(What), 또한 프로젝트를 효율적으로 하려면 어떻게 해야 하는지(How)에 대한 노하우를 아주 간결하면서도 쉽게 제시하고 있어서 현장 실무를 하시는 많은 분들에게 훌륭한 업무 가이드북 내지는 자기개발 참고서가 되리라 생각합니다.

프롤로그

유능한 리더는 프로젝트(Project)하여
성장과 성과의 가치를 만들어 내고,
무능한 리더는 재미 없는 포로젝트(Poroject)하여
갈등과 실패의 낭비를 만들어 낸다.

기업은 초(超)경쟁 환경(Hyper Competition)에서 생존하기 위해 수많은 변화와 혁신을 통해 생존력과 경쟁력을 갖추어 나가야 한다. 이러한 것은 제조, 설비, 연구개발, SW, 구매, 영업 / 마케팅, CS, 경영지원 모든 직무에 연관되어서 업무의 질적 활성화가 일어나고 창조적 혁신이 일어나야 가능하다.

자신의 일에서 일하는 방식과 방법의 개선, 혁신, 창조적 변화야 말로 새로운 가치를 창출하고 이를 통해 성장과 성과를 낼 수 있다. 이러한 일하는 방식과 방법의 획기적인 도전(挑戰)은 워크 스마트의 사상과 철학의 동일한 개념으로 정의된다.

워크 스마트는 개인과 조직의 역동적인 변화와 혁신을 통해 일과 삶의 균형을 이루어 업무 성과뿐만 아니라 개인의 성장을 촉진시킨다. 이러한 활동은 일하는 데 있어 메마른 땅에 단비를 내려 주 듯 새로운 가치를 발현시키는 프로젝트는 추진하는 에너지의 보고

(寶庫)이다. 워크 스마트의 가장 중요한 것은 올바른 방향과 효율적인 업무 방식, 방법을 어떻게 리딩하고 전원 참여를 통해 노력과 과정을 투입시키는 것이다. 특히 프로젝트(Project)나 TFT(Task Force Team)를 실행해서 단기적으로 성장과 성과를 내기 위해서는 일을 구조화하고 체계적인 업무 관리에 대한 실무적인 노하우와 실천이 필요하다.

프로젝트는 다양한 인적자원의 지식과 경험을 통해 일을 하면서 업무의 실행 관련하여 소통하고 목표 관리하게 된다. 또한, 진단, 분석, 실행, 평가, 표준화 등의 활동을 효율적으로 하기 위해서는 프로젝트 추진에 관한 지식과 경험이 필요하다.

이 책은 이러한 프로젝트 실무에 관해 프로젝트 리더가 추진해야 할 지식과 추진 방법론에 관련하여 저자가 삼성전자와 중·강소기업에서 추진한 교육과정 개발 및 교육체계 프로젝트의 실제적 일부 사례를 중심으로 프로젝트 시작부터 마무리 단계 등 프로젝트의 생애관리(Project Life cycle)를 기반으로 사례와 활동 중심으로 서술하고자 한다.

실제 프로젝트 리더로서 동료들의 성장과 업무의 성과를 창출하기 위해 같이 공유한 경험적인 내용도 포함하여 성과로만 치부되는 프로젝트(Project)에서 "성장과 성과"의 두 마리 토끼를 잡을 수 있는 프로가 진행하는 그런 프로젝트(Project)를 추진하는 하나의 사례라고 할 수 있다.

이를 통해 수많은 업무를 병행 처리해야 하는 프로젝트 리더들에게 현장에서 프로젝트 팀원들과 성장과 성과를 만들어 내어 궁극적으로 도전해야 하는 목표에 도달할 수 있도록 이 책은 가이드 라인 및 안내자의 역할을 하고자 한다.

이 책은 저자(著者)가 2005년 미국 프로젝트 메니지먼트 협회인 PMI(Project Management Institute)에서 공인 프로젝트관리기술사 자격(PMP; Project Management Professional)을 취득하고 수많은 프로젝트와 T/F 등을 추진하면서 프로젝트 추진 지식과 더불어 경험적 요소를 기반으로 프로젝트 리더가 가져야 할 지식과 경험 그리고 추진해야 하는 여러 기법과 도구를 프로젝트의 생애주기에 맞게 서술해 나가고자 한다. 기본적인 프로젝트 추진에 관한 내용은 PMI에서 제공하는 프로젝트 지식체계(Body of Knowledge)를 근간으로 한다.

이 책의 목적은 변화와 혁신을 리딩하여 가치를 만들어 내고, 이익을 창출해 나가는 프로젝트 리더들을 위한 것이다. 또한, 프로젝트 리더의 관리 역량과 추진 역량을 상향 고도화시켜서 더욱 더 발전된 조직으로 발전시키고자 하는 데 도움을 주고자 한다. 프로젝트를 하다 보면 성과와 동시에 프로젝트 팀원들의 성장에도 크게 귀를 기울여야 제대로 된 프로젝트라 할 수 있다.

리더는 일을 통해서 부하 사원들의 업무 역량을 높이고 성장할 수 있도록 지원하고 지도해 주어야 한다. 부하 사원 후배들에게 이러한 일을 통해서 학습과 경험의 전이가 충분히 전달되고 추진될 때 정확한 프로젝트의 리더로서 보람과 성취감을 맛볼 수 있다.

일을 통해서 개인의 성장과 성취감, 그리고 정당한 평가와 보상을 받을 수 있도록 지원하고 지도하는 것은 리더의 기본적인 업무관리, 인적자원 관리, 조직관리, 변화관리, 자기관리의 매우 중요한 성공 요소라 할 수 있다.

리더의 한 걸음은 부하 사원의 열 걸음과도 같다. 아무리 부족한 부하 사원이라도 지원(支援)하고 지도(指導)해 주면 높은 성과와 성장을 이루어 낼 수 있다. 이것은 구조화된 프로젝트의 추진하는 실무를 얼마나 리더가 함양하고 있느냐의 차이 이기도 하다.

프로젝트나 일을 추진하다 보면 한 쪽에서는 성과에 미치지 못하는 부하 사원 탓을 많이 하기도 한다. 역량이 부족하다, 생각이 없다, 열정이 없다 등등의 이유로 수많은 부하 사원을 능력 없는 이들로 치부하는 것도 준비되지 못한 리더의 실수이다.

이러한 문제와 갈등의 소지가 있는 프로젝트(Project)는 포로젝트(Poroject)라 한다. 포로젝트는 일에 매여서 시키는 일만 하게 되는 타율적인 일을 하게 되어 성장과 성과의 한계가 있다. 리더들도 이러한 프로젝트 실무에 대한 지식과 경험을 바탕으로 업무관리와 인적자원관리, 조직관리, 변화관리, 자기관리를 해 나간다면 개인과 조직에서 큰 성장과 성과를 가져올 수 있다.

단시간 내에 성과를 내야 하는 프로젝트나 T/F이지만 선순환의 구조 속에서 팀웍을 발휘하고 개인이 신나서 즐겁게 일할 수 있는 분위기와 상황을 잘 이끌어 준다면 좋은 성장과 성과로 응답해 줄 것이다. 프로젝트 리더는 "알아야 면장"을 하며 "부뚜막에 소금도 넣어야 짜다."라는 실제적인 실행에서 효과와 효율을 만들어 낼 수 있는 것이다.

그래서 아는 것과 실행력은 두 가지 측면에서 중요하다 볼 수 있다. P = K × D(Performance = Knowledge × Doing)으로 성과는 지식과 실행의 반복적이고 연속적인 상태의 지속 가능한 경영을 통해 경험을 축적해 나가며 성과를 낼 수 있다. 알면 실행하고 그래서 가치와 이익을 만들어 내는 1등의 프로젝트 리더가 되기 위해서 노력하는 리더가 되어야 한다. 향후 업무는 프로젝트 기반의 워크 스마트로 추진될 것이다. 이제는 워크하드의 개념에서 벗어나 좀 더 효과적이고 효율적인 워크 스마트의 일로서 추진되어야 한다. 워크 스마트는 일하는 방식과 방법의 효율적인 것과 효과적인 실제적인 일의 추진 성과를 의미한다.

프로젝트는 현장에서 살아 숨 쉬는 생물체와도 같다. 이를 추진하고 도전하는 리더들은 새로운 업무와 상황에 직면하고 도전하여 극복하는 프로세스를 통해 업무의 가치 향상과 더불어 개인의 성장을 도모해야 한다.

특히, 소재, 부품, 장비 중·강소기업의 핵심 리더들이 수많은 프로젝트를 추진하는 데 있어 어려움을 느끼는 문제에 대해 실무적인 지식과 방법의 학습을 통해 성장과 성과의 가치 창출자로서 발전하는 데 있어, 이 가이드북이 밑거름이 되어 기업 경쟁력 제고에 큰 힘이 되었으면 한다.

2021. 3.

이 경 환

Project Management Professional(PMP)
국제공인 프로젝트 관리기술사
주식회사 칸 대표이사
한국직무역량컨설팅 대표컨설턴트

Contents

CHAPTER 1 Why

왜, 프로젝트 기반의 업무인가?

01 워크 스마트로 새로운 가치 창출 23

02 프로젝트 기반의 업무 정의 33

03 프로젝트 기반의 업무 성공 요소 7가지 43

1. 1등의 프로젝트 "목표"를 설정하는 것이다 44
2. 프로젝트 "납기"를 정확히 지킨다 45
3. 일을 추진할 때는 준비 차원에서 선(先)기획 후(後)추진을 하자 46
4. 마디와 매듭을 짓는 프로젝트 활동을 하라 47
5. 용어의 정의는 조직의 소통 역량 47
6. 일상의 원활한 커뮤니케이션은 소통의 맥(脈) 48
7. 팀원의 동기부여는 성장과 성과로 연계 49

CHAPTER 2 What

프로젝트 기반 업무는 무엇인가?
PMBOK중심으로
Project Management Body of Knowledge

01 프로젝트 정의와 개념 55

02 프로젝트 관리 개념 61

1. 관리의 정의와 목적 62
2. PMO의 설치 이유 64
3. 프로젝트 9대 관리 영역 65

03 프로젝트 생애 관리 69

04 프로젝트 이해관계자 커뮤니케이션 73

CHAPTER 3 How

어떻게 하면 프로젝트를 효율적으로 추진하는가?

01 프로젝트 리더의 기본 소양 79

1. 마스터 플랜에 대한 기획 84
2. 프로젝트 조직화 방법 92

3. Credo를 통해 한마음화 94

4. 프로젝트의 명확한 산출물, 담당자, 납기, 승인 절차, 기법 등 설명 96

5. 과정관리의 체계를 체계적으로 구축하라 99

6. 상대비교와 절대비교의 관점이해 104

7. 프로젝트 기반의 학습 조직화 이해 107

8. 문제를 파악하고 실행하기 위한 니즈 조사 방법론 111

9. 프로젝트 리더의 정의 119

10. 프로젝트 리더의 3지주의 원리 121

11. 프로젝트 팀원 성장의 성공요소 3가지 요인 124

12. 일이란? 개선과 개악의 시나리오 127

13. New 모델 Learning Platform 130

14. 3현(現) 3원(原)주의 134

15. Hidea를 찾아라 135

16. 하인리히의 법칙(Heinrich's Law) 136

17. 상상하면 그 이상이 된다(創發精神) 139

18. 인재의 종류와 1등 인재의 정의 141

19. 공통의 용어와 표준양식의 중요성 143

20. 생각지도 못한 생각에서 나오는 3시(視)원리 144

21. 창조적 혁신인의 3C 역량 (이종간 통합, 융복합, 통섭) 149

22. 일에 대한 프로세스 (KH-IPOPVP Process 기법) 150

23. 과학적으로 일하는 방법-Deming Cycle 이해 152

24. 프로젝트는 실행력과 즉 실천이 매우 중요 156

25. 워크 스마트의 활동은 씽크 스마트(Think Smart)에 있다 158

26. 점, 선, 면의 원리와 틀, 판, 획의 원리 161

27. 가치의 패러다임 이동 이해 163

28. 내재화(內在化)와 내제화(內製化)의 차이 166

29. 2W + 1H + E 기법과 결, 근, 방 기법 168

30. 의사결정 기법: Post it과 kJ법 170

31. 시스템을 구축한다는 것의 정의와 구성 요소 171

32. 1등의 모랄 인재 정의 174

02 프로젝트 추진 기법 179

1. 프로젝트 추진단계 KH-PDCC Cycle 180

2. 실행단계의 KH-SADE Cycle 185

3. 프로젝트 각 단계의 맛, MSH Cycle 188

03 프로젝트 리더의 역할 7DNA 195

그림 목록

| 그림 1 | 워크 스마트의 이해도 25
| 그림 2 | 효율과 효과의 차이 28
| 그림 3 | 프로젝트 관리기술사 PMP 자격증 34
| 그림 4 | 프로젝트 기반의 업무 공식 35
| 그림 5 | 프로젝트 기반의 Mega과제 예시 38
| 그림 6 | 프로젝트 기반의 Mega-Sub과제 Master List 예시 39
| 그림 7 | 프로젝트 기반의 Sub과제 기안서 40
| 그림 8 | 일상 업무와 프로젝트의 차이점 56
| 그림 9 | 프로젝트의 개념도 57
| 그림 10 | 포트폴리오, 프로젝트 정의와 역할 58
| 그림 11 | 교육과정 개발 프로젝트의 9대 관리영역 예시 66
| 그림 12 | 프로젝트 생애주기 단계별 프로세스 70
| 그림 13 | 프로젝트와 포로젝트의 차이점 81
| 그림 14 | 마스터 플랜에 대한 기획과 실행 구조 85
| 그림 15 | 단기 프로젝트 기획서 예시 87
| 그림 16 | 단기 프로젝트의 추진 계획서 90

| 그림 17 | 조직의 형태별 도식도 92
| 그림 18 | 조직별 장·단점 93
| 그림 19 | 프로젝트의 산출물 세부 명세도표 98
| 그림 20 | 과정관리의 3대 체계 구성 요소 99
| 그림 21 | 프로젝트 초기의 일일 회의록 103
| 그림 22 | 상대비교 도해도 105
| 그림 23 | 절대비교 도해도 106
| 그림 24 | 프로젝트 기반의 학습 조직화 110
| 그림 25 | 니즈 파악의 5단계 절차 111
| 그림 26 | 직무역량 모델링에 의한 연관도 113
| 그림 27 | 교육과정 개발 모델 114
| 그림 28 | 교육니즈 수렴에 관한 방법과 도구 115
| 그림 29 | SW직군 교육과정 개발 입안 니즈 조사 분석 프로세스 116
| 그림 30 | 설문서 양식 117
| 그림 31 | 과정개발 설계 시 차별화 포인트 118
| 그림 32 | 프로젝트 리더의 3지주의 특징 122
| 그림 33 | 일의 상향평준화 프로세스 128
| 그림 34 | 표준역량 준거표 예시 131
| 그림 35 | 분석직무 교육체계 Learning Platform 132
| 그림 36 | 분석직무 역량준거표 예시 133
| 그림 37 | 교육 Platform Hierarchy 133

| 그림 38 | 하인리히의 법칙과 프로젝트 가치창출 원리 138
| 그림 39 | 인재의 유형 142
| 그림 40 | 보는 방식에 따른 생각의 차이 146
| 그림 41 | 창조적 혁신인의 Platform 구조 148
| 그림 42 | 일의 프로세스 기법 150
| 그림 43 | 일의 가치를 더해 가는 사이클 도해도 152
| 그림 44 | 각 단계별 관리의 사이클과 세부 연관도 156
| 그림 45 | 창의, 혁신 교육 추진 방향 159
| 그림 46 | 지식 근로자의 지식 자산 변환도 169
| 그림 47 | KH-PDCC Cycle 프로젝트 추진 절차 184
| 그림 48 | 일을 추진하는 표준 사이클 187

"

유능한 리더는 프로젝트(Project)하여
성장과 성과의 가치를 만들어 내고,

무능한 리더는 재미 없는 포로젝트(Porojeсt)하여
갈등과 실패의 낭비를 만들어 낸다.

"

Why

Chapter 1

Why

왜, 프로젝트 기반의 업무인가?

01. 워크 스마트로 새로운 가치 창출

02. 프로젝트 기반의 업무 정의

03. 프로젝트 기반의 업무 성공 요소 7가지

01

워크 스마트로 새로운 가치 창출

가치(Value)의 차이

일하는 방식과 방법의 차이는 결국 일에 임하는 자세와 주위 자원을 얼마나 잘 활용해서 성장과 성과를 만들어 내느냐가 가치의 차이이다.

경영의 구루 피터 드러커(Peter F. Drucker)는 "보다 열심히 일하기(Working Harder)를 보다 현명하게 일하기(Work Smart)로 대체해야 한다."고, 그의 저서 『변화 리더의 조건』에서 말하고 있다. 워크 스마트 활동은 워크 하드(Work Hard)한 근무 문화, 일하는 방식과 방법, 인프라, 제도 등의 비(非)효율적이고 비(非)부가가치적인 것을 바꾸는 것이다.

과거 OECD의 '경제정책 개혁 2012년' 보고서에 따르면 2010년 기준으로 한국의 근로자 1인당 노동 시간은 OECD 회원국 가운데 1인당 국내총생산(GDP) 상위 17개 국가 평균보다 37.5%(2,193시간) 많은 것으로 나타났다.

한국 근로자의 노동 시간은 길었지만 노동생산성은 OECD 상위 17개 국가 평균에 비해 49.3% 적었다. 같은 시간을 일해도 한국의 근로자는 다른 선진국보다 생산성이 절반밖에 되지 않는다는 의미다. 한국의 노동생산성은 OECD 34개 회원국 가운데 28위에 머물렀다.

OECD국가 중 최장 근로 시간에 노동생산성은 최저임을 감안하면 변화의 선상에서 낭비적인 요소가 얼마나 많은가를 알려 주는 것이다. 즉 임직원의 피로도 줄이면서 성과는 높이려면 일에 관련한 방법과 방식의 여러 패러다임을 바꿔야 하는 것이 아주 중요한 핵심이다. 현재 시점에도 다소의 차이는 있지만 크게 근로 시간 대비 생산성은 크게 나아지지 않았다.

워크 스마트 활동의 궁극적인 목적은 일하는 방법과 방식의 변화를 통해 일과 삶의 균형을 유지하는 것이다. 그러기 위해서는 쓸데없는 일, 타성적으로 해 오던 관행, 안 해도 될 일로 하드하게 일을 하는데 그 시간을 줄이고 줄여서 근무 시간 내에는 스마트하게 일하고 여가 시간에는 삶의 질을 높이는 균형적인 삶을 만들어 나가는 것이다.

워크 스마트 활동은 낭비적이고 비(非)효율적인 것을 배제하고 생산적이고 가치 있는 효과와 효율을 목표로 하는 활동이다. 그래서 개인과 조직의 일하는 방식과 방법의 개선, 혁신, 창조적인 마인드와 업무 스킬(Skill)에 따라 업무의 가치가 상당히 큰 차이를 보이는 준거를 가지고 있다. 워크 스마트한 업무를 하기 위해서는 기본적으로 구조의 틀인 단위업무에서 복합적 업무까지 프로젝트라는 마디와 매듭을 지어갈 수 있는 업무의 프로세스적 접근이 필요하다. 프로젝트 기반의 업무를 추진할 때 워크 스마트의 사상과 철학을 통해 개인과 조직은 지속 가능한 경영을 할 수 있다.

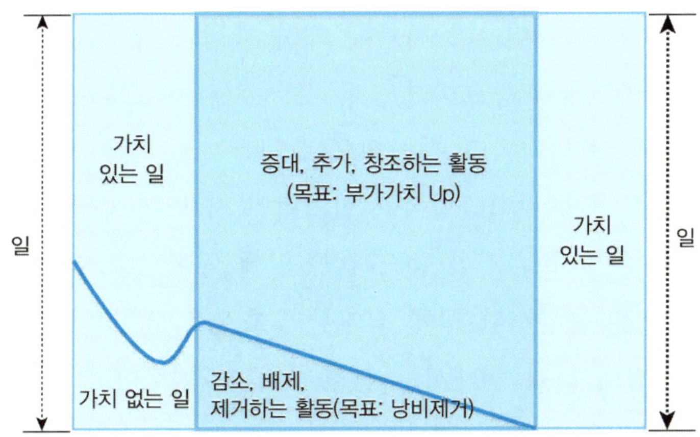

그림 1 워크 스마트의 이해도

[그림 1]은 워크 스마트의 이해도로서 가치 없는 일을 찾아내어 낭비를 감소, 배제, 제거하는 활동을 통해 궁극적으로 낭비제로를 달성하고 그에 따라 가치 있는 일의 비중을 높여 가며 효과와 효율을 높여 가는 것을 말한다.

개인은 지속 가능한 워크 스마트 활동을 통해 성장하고 보람과 성취감을 얻을 수 있다. 또한, 조직은 조직경영의 지속 가능성을 통해 이익과 가치를 만들어 낼 수 있다. 이러한 것이 기업 차원에서는 독특하고 차별화되는 제품과 서비스로 고객에게 전달되어 가치로의 선순환 사이클로 전환되고 활동되어진다.

그래서 기업은 어떠한 상황에서도 안정적 가치체계를 바탕으로 지속 가능 경영을 확보하게 된다. 이렇게 하기 위해서는 개인의 워크 스마트에 대한 개념과 실행을 명확히 하는 것이 매우 중요하다.

생각을 창의적이고 혁신적으로 하는 것, 일은 스마트하게, 업무 자세는 적극적이고 협업적인 자세로, 체질의 틀을 만들어 추진하는 것이 중요하다. 일에 있어서 '스마트하다'라는 것은 근무시간 내에 최대한의 효율을 얻어 내는 것이다. 그렇게 하기 위해서는 잔업, 특근의 최소화를 위해 개인과 조직의 노력이 필수적이다.

특히, 프로젝트성 업무로 일을 하는 연구개발 직군들의 프로젝트 리더들은 명확하게 프로젝트를 리딩하는 관점에서 상사의 잘못 이해로 인한 문제를 유발하거나 성과에 문제를 주어서는 아니 된다. 또한, 회의 문화에 대한 획기적인 개선으로 무의미한 시간의 낭비를 줄여야 한다.

아울러 상사와 부하간의 보고, 결재의 수단과 방법도 획기적으로 개선하여 보고서 작성과 결재에 따른 시간적 낭비를 최소화하는 노력도 기울여야 한다. 이 모든 것들이 단위 시간당 업무에 대한 몰입도를 증가시켜 생산성을 올리고 그 나머지 시간은 삶의 질(質)을 위해 활용하자는 것이다.

이러한 워크 스마트의 활동은 지난 산업시대의 "성실과 근면"한 시대에서 새로운 가치 창출을 위한 "창의와 혁신"의 시대로의 이동을 촉진시키고 "지시, 통제 문화", "수명과 보고의 문화"에서 "소통과 대화", "자율과 책임의 문화"로의 이동을 더욱 가속시켜 새로운 패러다임으로 자리를 잡게 된다.

이러한 활동은 결국 개인뿐만 아니라 조직과 기업의 상생(相生) 관점에서 매우 중요한 시대적 관점에서 중요하다고 볼 수 있다. 워크 즉, 일을 하는 데 있어서는 효과와 효율의 개념이 있다. 효율은 자신의 투입한 물적인 양적(量的)의 개념에서 낭비를 제거하고 시간을 확보하는 차원이라고 할 수 있다. 또한, 효과는 개개인이 달성해야 하는 질적(質的)인 의미를 내포하고 있다.

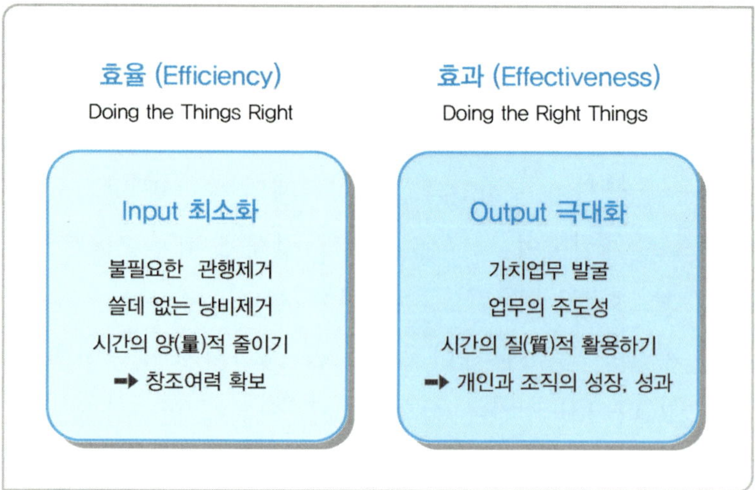

그림 2 효율과 효과의 차이

개인의 업무에서 새로운 가치를 만들고 창조해 내는 여력과 역량을 강화하고 지속 가능한 경영의 상태를 유지하고 변화시켜 줄 때 우리가 원하는 최고의 경쟁력이 나올 수 있다.

프로젝트 기반의 업무를 워크 스마트 차원에서 촉진하는 이유로서는 목적과 목표를 명확히 하고 납기를 명확히 하는 것이다. 이것은 명확성과 측정 가능한 수치, 현실적 고려, 납기, 고객 지향적이라는 프로젝트의 특성을 업무로 반영하여 추진해 나가기 때문이다.

그렇기 때문에 워크 스마트의 효율과 효과적인 업무를 추진하기 위해서는 프로젝트를 관리할 수 있는 여러 가지

지식체계와 방법론에 대해 학습하고 역량을 키워 나가야 한다.

특히, 직무상 프로젝트 업무가 많은 연구개발과 IT 직무에서는 상호 공통된 언어의 통일과 표준화를 통해 업무를 추진해 나가는 활동과 프로젝트 리더 등을 잘 양성하는 것도 중요한 성공요인이다.

프로젝트 리더의 업무를 하는 데 있어 역할과 책임은 Role & Responsibility 리더로서 프로젝트 맴버들에 대한 성장과 성과 그리고 프로젝트를 추진하고 이해관계자의 관계성 등 포괄적이고 합리적인 다양한 이해관계의 커뮤니케이션을 추진해야 한다.

그러기 위해서는 프로젝트 리더의 역량이 해당 프로젝트의 성공 여부를 좌우한다고 봐도 과언이 아니다. 그만큼 리더의 한 걸음과 생각이 매우 중요하다는 것이다. 프로젝트 리더의 한 걸음은 팀원들의 열 걸음과도 같다.

리더는 맴버들의 고충과 상황을 이해하고 적절한 업무안배와 더불어 솔선수범하는 자세로 최소한의 투입으로 최대한의 효과를 낼 수 있는 방법을 찾아내어 적용하고 실행해서 가치를 만들어 내야 한다.

중요한 것은 단시간 내에 가치를 창출해야 하는 프로젝트 업무이기 때문에 맴버들과의 신뢰 관계와 업무회전에 대한 빠른 추진력을 얼마나 빨리 맴버들과 소통 관계를 구축하는 것도 매우 중요한 성공 요소이다.

워크 스마트하다는 것은 목적성 있는 업무에 대해 명확히 선택과 집중을 하여 가치를 만들어 내는 것이다. 그러기 위해서는 주변의 낭비요소와 더불어 불필요한 관행부터 제거하고 업무에 몰입할 수 있는 환경과 상황을 구축하는 것도 중요하다.

그래서 초기에 PMO(Project Management Officer)의 설치도 신중하게 생각하여 인프라를 구축해야 한다.

01. 워크 스마트로 새로운 가치 창출

02. 프로젝트 기반의 업무 정의

03. 프로젝트 기반의 업무 성공 요소 7가지

02

프로젝트 기반의 업무 정의

프로젝트란?

고유한 제품, 서비스를 대상으로 한시적인 노력과 한시적인 기간에 반드시 달성해야 하는 활동으로 정의한다.

PMI(프로젝트관리협회)PMBOK®, 3rd

프로젝트는 미국 Project Management 전문기관인 PMI(Project Management Institute)가 1984년부터 공식적으로 인증자격화하면서 프로젝트를 지식체계와 경험체계 등의 실천적 자격으로 발전해 나가고 있다.

PMP(Project Management Professional)는 프로젝트 관리 분야의 기술사로서 세계 최고 자격증으로 인증되어 오고 있다.

이것은 각 산업 분야에서 필요한 Project Manager를 양성하기 위한 것으로, 전 세계적으로 195,000여 명의 PMP가 활동하고 있으며, 국내의 경우 1만여 명 이상이 활동 중이다.

그림 3 프로젝트 관리기술사 PMP 자격증

프로젝트 기반의 업무는 부서 전체의 연간 목표와 그것을 다시 세부적으로 개인별로 업무 중심으로 분화하여 정리한 후 하나하나를 프로젝트로 구성, 추진함으로써 업무의 효율을 올리는 것이다.

업무 단위가 크든 작든 프로젝트로 구성을 하면 일정한 포맷으로 구축되어 눈으로 보는 관리가 가능하다.

기본적인 프로젝트 기반의 업무의 기본 플랫폼(Platform)

은 다음과 같다.

PBW = G × 2W + 1H

Project based Work　Goal　Who, What　How

그림 4 프로젝트 기반의 업무 공식

프로젝트 기반의 업무는 해당 업무에 대해 목표 그리고 이해관계자와의 기능과 역할 정의, 조직 구성, 추진 일정에서 액션 아이템과 납기, 주요 성과를 측정할 수 있는 KPI(Key Performance Index)로 구성한다.

이것을 표준 양식으로 정리해서 보면 각 업무에 대한 명확한 목표와 그리고 담당자, 해야 할 일, 납기 등을 한 눈에 알아 볼 수 있다. 해당 프로젝트에서 성과로 측정해야 할 핵심지표를 측정이 가능한 수치로서 뽑아내어 정리할 수도 있다.

이러한 프로젝트 기반의 업무는

첫째, 명확한 업무 추진의 가시성을 확보해 준다.

이것은 담당자로 하여금 명확한 목표를 부여하고 이해관계자의 기능과 역할 그리고 납기, 구체적인 아이템을 제공해 줌으로써 상사와 담당자간 그리고 이해관계자간 원활한 소통과 지원체계를 구축하는 데 유효하다.

둘째, 목표의 구체성을 제공한다.

프로젝트 기반의 업무는 프로젝트의 속성상 정해진 시간 내에 정해진 목표를 달성해야 하는데 수치로서 명확하게 제시해 주는 목표는 담당자에게 달성해야 할 수준을 명확하게 하는 데 의미가 있다. 목표를 구체화하는 방법에는 SMART 기법이 있다. S(Specific), M(Measurable), A(Aggressive), R(Relevant), T(Time Bound)이다.

이러한 목표가 있는 구체적인 그림을 잘 그려 놓으면 실행에 옮기기가 더욱 쉽고 실행에 옮기면 자연스럽게 성장과 성과를 올릴 수 있다. 적자생존(積字生存), 적자성공(積字成功)의 원리가 적용된다. 적으면 성공한다. 천재의 기억보다 바보의 기록이 더욱 중요성을 말해 주며 기록은 오래 가지만 기억은 잠시 머물다 가는 것이다.

우리가 추진해야 할 업무는 병렬처리 해야 할 다기능적 요인을 가지고 있다. 단 기능적인 업무만을 하지 않기 때문이다. 한 담당자는 여러 업무를 동시 다발적으로 병렬로 처리를 해야 하기 때문에 더욱 세밀한 프로젝트 기안서가 필요로 하는 것이다.

이러한 기안서는 프로젝트를 시작할 때 작성되며 상사와 조율하며 작성하게 된다. 상사와의 관계성을 촉진시켜 주고 같은 목표를 위해 뛸 수 있는 강한 도전과 상호 협력을 이끌어 낼 수 있다.

셋째, 이해관계자에 대한 세부 기능과 역할을 제공한다.

업무를 추진하다 보면 혼자서 하는 일보다는 여러 사람들이 같이 협업 구조를 통해 일이 추진되며 완성된다. 나보다 주위에 있는 이해관계자들의 도움이 절실하다는 이야기이다.

이러한 이해관계자들의 소통 관계 및 기능과 역할을 명확히 하고 협업을 이끌어 낸다는 것은 프로젝트의 성공과 실패를 겨누는 잣대가 되기도 한다. 그만큼 중요한 것이 인적자원의 활용이며 동시에 서로 가르치고 학습하며 서로 성장하는 교학상장(教學相長)의 의미를 가지고 있을 때 진정성이 있는 일을 할 수 있다.

넷째, PBW(Project Based Work)는 구체적인 액션 아이템과 더불어 납기가 정해져 있어 프로젝트의 생애 주기를 관리할 수 있다.

구체적인 액션 아이템의 도출과 실행은 프로젝트의 완성미를 더해 주며 일을 하다 빠진 부분도 더 채워 넣거나 더 추가해야 할 사항도 고민할 수 있게 해주는 기능을 한다. 프로젝트는 정해진 기간 안에 목표를 달성하고 추진하는 데 있다. 액션 아이템은 프로젝트의 질(質)을 결정하고 납기는 프로젝트의 종료를 의미한다.

프로젝트 기반의 업무를 촉진하기 위해서는 Mega과제를 설정하고 그 하위 개념의 Sub 과제를 프로젝트화하여 기안서를 작성하게 된다.

다음 [그림 5]는 Mega과제의 Master Plan으로 한 예를 볼 수 있다.

Mega과제의 상기 Master Plan에서는 주로 3개년의 중·장기 계획을 세워 전체적인 방향과 전략을 구사하고, 3개

항목	20년도	21년도	22년도
전략	도입기	확산기	성장기
과제명			
부서간 R&R			
차별점			
성과			

그림 5 프로젝트 기반의 Mega과제 예시

년 성과의 진척 사항을 기록하여 변화의 방향을 알 수 있도록 한다. [그림 5]의 Mega과제는 다시 여러 개의 Sub과제로 연계되어 전체적인 Master List를 만들어 낼 수 있다. 이 리스트는 Mega과제를 대분류로 하여 Sub과제의 프로젝트 기안서의 주요 내용들을 포함하여 한 눈에 전체적인 것을 관리할 수 있도록 하는 데 그 기능이 있다.

다음 [그림 6]은 전체적인 Master List의 한 예를 보여주고 있다.

Mega 과제	PJT No	Sub 과제	PL	Coodinator	실무자	KPI	시작일	종료일

그림 6 프로젝트 기반의 Mega-Sub과제 Master List 예시

Mega과제에서 Sub과제를 추출하여 한 부서의 프로젝트 기반의 기안서를 보면 다음 [그림 7]과 같다.

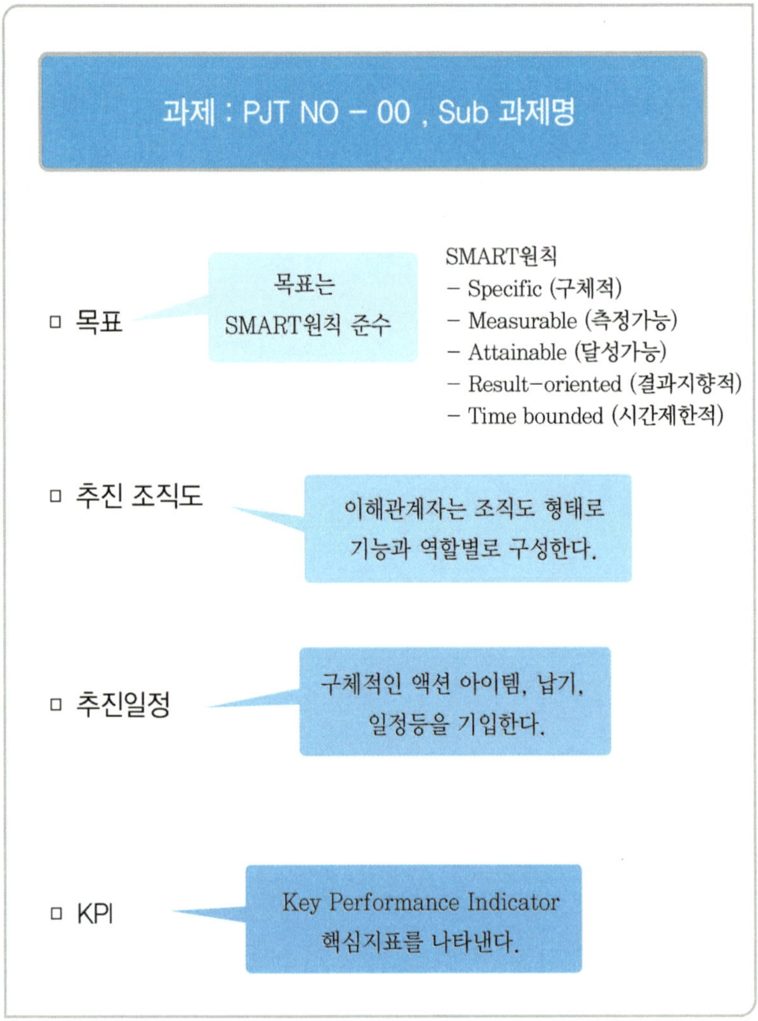

그림 7 프로젝트 기반의 Sub과제 기안서

01. 워크 스마트로 새로운 가치 창출

02. 프로젝트 기반의 업무 정의

03. 프로젝트 기반의 업무 성공 요소 7가지

03

프로젝트 기반의 업무 성공 요소 7가지

프로젝트 기반의 일은?

프로젝트는 과제의 목표, 구성원의 명확한 역할과 책임 정의, 시작과 끝을 분명히 하는 것이다. 공통 업무, 프로젝트 중점 업무는 기반으로 실행하는 것이 중요하다.

중점 업무는 20% 독창적인 업무로 구성하고 새로운 것을 만드는 데 시간을 투입한다.

PBW(Project Based Work) 프로젝트 기반 업무를 성공적으로 하기 위해서는 성공 요소가 있다. 프로젝트가 진행되면서 생애관리(Project Life Cycle)를 해 주어야 하는데 가장 활성기에 많은 인적자원과 시간투입이 됨으로써 프로젝트 리더는 항시 이러한 프로젝트 생애관리의 시간 축을 알고 있어야 하며 그 상황에 걸 맞는 전략을 구사해야 한다.

프로젝트 기반의 업무에서 성공적인 요소 7가지를 소개하면 다음과 같다.

1 1등의 프로젝트 "목표"를 설정하는 것이다

1등 인재는 프로젝트에 대해서 1등의 목표를 가지고 있다. 그것이 자신의 꿈이고 도전이다. ***I have a dream.***

나는 꿈이 있어요. 자신만의 독특한 콘텐츠에서 도전하는 개선 혁신, 창의 프로세스를 거쳐 최상의 제품과 서비스를 창출하는 역량을 갖추어야 한다.

1등의 목표를 통해 도전을 할 수 있는 성장엔진을 탑재한다. 목표가 없는 것은 일을 하지 않는 것과 같다. 일을 한다는 것은 목적과 그 목적에 맞는 정확한 목표를 통해 일의 과정이 정해지고 담당자, 납기가 결정된다.

이러한 것을 워크 스마트하게 하기 위해서는 프로젝트 기반 업무를 하는 것이 매우 중요하다. 개인의 목표가 모이면 조직의 목표가 된다. 조직의 목표는 120% 상향으로 설정하여 도전할 수 있도록 하는 것이 팀원들이 활성화되는 상황을 만들어낸다.

2 프로젝트 "납기"를 정확히 지킨다

조직은 기능으로 구성되어 역할과 책임이 명확해야 한다. 할 수 있고 해야 할 일을 정확히 정의 내리는 것이 중요하다. 스피드는 빨리 하는 것이 아니라 주변의 속도, 흐름에 맞추는 것이다. 프로젝트 진행시 한 사람이 전체 일정을 늦게 하는 경우가 있다. 이러한 경우 프로젝트를 하향 평준화에 기여를 하게 된다.

프로젝트의 납기를 정확히 준수하기 위해서는 미리미리 준비하는 것이 체질화 되어 있도록 평소 업무 관리를 해야 한다. 일을 통해 부하사원 후배를 성장시키는 것이 매우 중요한 것이며 일을 통해서 육성된다.

업무를 할 때 상사에게 마감 시한에 의사결정을 하게 하는 것은 원샷콜(One Shot Qual)이 되는 경우가 드물기 때문에 납기 시간에 조정되는 경우가 있다. 이런 경우에는 상당한 갈등의 구조로 변해 업무가 제대로 추진되지 못하는 경우가 된다.

가능하면 일주일, 한 달, 일 년을 미리 챙겨서 준비하면 그 만큼 업무 부하는 여유가 생길 것이며 더욱 더 세밀하게 업무를 관리해 나갈 수 있다.

만약 납기가 6월 30일이라면 1개월 전인 5월 30일까지는 기안 문서를 완료하여 충분하게 보고하고 수정할 수 있는 시간을 확보하는 것이 중요하다. 이러한 것이 체질화되기 위해서는 평소 일을 통해 상사가 부하를 지도, 지원하면서 양성되어야 하고 그러기 위해서는 상호 보완적인 노력이 필요하다. 특히, 부하 사원, 팀원들은 이러한 노력을 하기 위해 역량을 향상시키는 자기개발을 해야 한다.

3 일을 추진할 때는 준비차원에서 선(先)기획 후(後)추진을 하자

기안서는 사전에 기획을 하여 담당자와 상사간의 소통을 통해 의사결정을 받으면 스폰서십(Sponsorship)을 받으며 업무를 추진할 수 있다. 선(先)기획을 한다는 것은 그 만큼 준비 시간과 노력이 들어가서 충분하고 소신 있게 상사에게 프로젝트 업무에 대해 보고할 수 있다.

준비되지 않은 보고는 상사와 부하 사원간의 불신과 갈등을 만들어 낼 수 있기 때문에 실무 담당자들은 상사의 의견과 상황을 잘 인지하고 기획하는 일을 잘 해야 한다. 기획을 한다는 것은 계획을 세워서 실행하는 의미를 가지고 있다.

4 마디와 매듭을 짓는 프로젝트 활동을 하라

프로젝트의 가장 중요한 특성 중의 하나는 프로젝트는 생성과 소멸이 분명하다는 것이다. 정해 놓은 기간 내에 프로젝트는 종료를 해야 한다.

주로 업무 현장에서는 TFT 등으로 구성되어 추진되기도 하기도 한다. TFT는 Task Force Team을 의미한다. 일을 추진하는 데 있어 강한 추진체로 밀고 나간다는 의미가 있다. 이러한 TFT, 프로젝트는 생성과 소멸에서 소멸 시점에서 마디를 짓고 매듭화 하여 종료를 선언하게 된다.

종료 시에는 공청회나 교류회 등을 통해 공유와 교훈적인 요소를 포함하여 배울 수 있는 상황으로 전개하면 학습하는 장(場)으로 활용된다.

5 용어의 정의는 조직의 소통 역량

프로젝트를 하다 보면 여러 부서의 여러 사람들이 함께 일을 추진하게 된다. 실제적으로 프로젝트를 하다 보면 많은 부분 같은 용어를 활용하더라도 실제 의미에서 받아들이는 느낌이 달라 엉뚱한 결과를 초래하는 경우가 일상적으로 발생하게 된다. 그래서 프로젝트를 추진할 때는 용어에 대한 것을 수시로 정의하고 활용해야 한다. 용어의 혼선은 의미의 해석이나 소통의 부재를 가져 올 수 있어 자칫 업무에 차질을 불러 올 수 있다.

프로젝트 리더는 프로젝트 시작과 동시에 프로젝트 멤버들의 용어에 대한 정의와 프로젝트의 목적에 대한 공통의 용어를 정의하는 데 주력을 해서 한 방향적으로 생각할 수 있는 준거를 마련해 주어야 한다.

6 일상의 원활한 커뮤니케이션은 소통의 맥(脈)

정돈된 느낌, 생각을 가지고 일한다는 느낌은 일상의 커뮤니케이션에 이루어진다. 매일매일 수시로 이해관계자와의 커뮤니케이션은 중요하다, 커뮤니케이션의 종류에는 문서로 하는 일일회의 자료나 주간 진행사항 등을 통해 이해관계자와 소통하는 방법이 있고 또한, 중요한 의사결정을 할 필요성이 있는 것은 구두 보고, 수시 보고를 통해 의사결정의 속도를 빨리 해야 한다.

그리고 요즈음에는 메일이나 문자 등은 일상적인 정보의 공유 차원에서 많이 활용한다. 커뮤니케이션은 프로젝트 리더 선상에서 하는 것과 프로젝트 맴버들이 하는 방법 등 다양한 채널을 형성하여 정보의 교류가 원활하도록 하는 것이 무엇보다도 중요하다.

7 팀원의 동기부여는 성장과 성과로 연계

프로젝트 리더는 팀원들에 대해 성장과 성과를 만들어 내기 위해서는 내적 동기를 불러 일으켜 자율적이고 주도적으로 업무에 임할 수 있도록 준비와 실행을 해 주어야 한다. 프로젝트 맴버는 기존의 업무와 다른 프로젝트 업무로 연계되다 보면 자칫 자신감이 떨어질 수 있기 때문에 이러한 것을 프로젝트 리더는 세밀하게 감지하고 프로젝트 업무 분위기를 항상 명랑하고 도전적으로 할 수 있도록 팀원들을 격려하고 동기부여 해야 한다.

동기부여 된 팀원들은 자신들의 하루 목표와 이해관계자와의 소통에서 자신감 있고 긍정적으로 일을 추진해 나갈 수 있는 것이다. 특히나, 상호교류가 평소에 없던 맴버들이기 때문에 신뢰감과 성장과 성과에 대한 명확한 논리를 가지고 있지 않으면 프로젝트 리더로서 업무를 추진해 나가는 데 어려움을 겪을 수 있다.

프로젝트 성과의 주인공은 맴버들에게 돌려 줄 수 있어

야 하고 그것을 통해 서로 성장할 수 있는 분위기를 형성하여 업무 몰입도를 증가시키고 재미있게 일을 할 수 있도록 하는 것이 무엇보다도 중요하다.

맴버들이 일만 하는 기계처럼 활용하거나 부족한 역량에 지도하지 않고 타박만 하는 경우 자칫 업무를 실행하는 것이 어려워지거나 인간관계의 팀워크 측면에서도 문제가 될 소지가 있다.

프로젝트를 하다 보면 리더가 지식이나 경험을 가지고 맴버들을 일을 통해서 성장시키고 성과를 내서 그 성과와 가치를 맴버들과 공유하고 평가될 때 상호 원만한 교류가 되었다고 볼 수 있다.

What

Chapter 2

What

프로젝트 기반 업무는 무엇인가?

01. 프로젝트 정의와 개념

02. 프로젝트 관리 개념

03. 프로젝트 생애 관리

04. 프로젝트 이해관계자 커뮤니케이션

01

프로젝트 정의와 개념

프로젝트는 기획업무

프로젝트는 유지보수형 업무보다는 새로이 신규 개발되거나 새로운 상황을 만들어 나갈 때 주효하다. 이것이 바로 새로운 가치를 발현시키는 생산성이다.

프로젝트는 고유한 제품과 서비스를 대상으로 한시적인 노력과 한시적인 기간에 반드시 달성해야 할 활동이다. 미국의 프로젝트 관리협회인 PMI에서는 다음과 같이 정의하고 있다.

> A Project is a temporary endeavor undertaken to create a unique product or service.

여기서 temporary는 일과성으로 모든 프로젝트에는 시작과 끝이 명확히 한정되어 있는 것을 의미한다. 프로젝트 종료는 목표가 달성되었거나 불가능할 경우, 또는 프로젝트의 필요성이 없어져서 프로젝트를 중단하는 경우가 발생한다. 일과성이라 해서 기간이 짧다는 것은 아니다.

프로젝트는 제품, 서비스 등 결과물 형태의 고유한 산출물이 있어야 한다. 또한, 프로젝트는 품질(Q), 비용(C), 납기(D)의 제약 하에서 특정 목표 혹은 수치적, 수량적 이익을 줄 수 있는 변화를 달성하기 위하여 고유한 제품이나 서비스를 창출하기 위한 한시적인 활동으로 시작과 끝이 존재한다.

일상 업무와 프로젝트의 차이는 크게 반복적이고 지속적

일의 형태	Operation	Project
제품 및 서비스	반복적	고유함
수행 기간	지속적	한시적
불확실성	낮다	높다
가치	낮다	높다

그림 8 일상 업무와 프로젝트의 차이점

으로 진행되는 일상 업무를 Operation(운영)으로 정의하여 프로젝트와 구분한다. 다음은 일상 업무인 Operation과 프로젝트의 차이를 나타내 준다.

프로젝트와 일상 업무의 공통적으로 연계되는 사항으로는 사람에 의해 일이 수행된다는 것과 자원에 따라 제약을 받는다. 또한, 계획, 실행 및 통제되는 것은 동일한 특성을 가지고 있다. 일상 업무는 지속적이며 반복적인 반면 프로젝트는 일과성이고 유일하다는 점에서 기본적으로 다르다고 볼 수 있다. 프로젝트의 구분은 다음 [그림 9]와 같다.

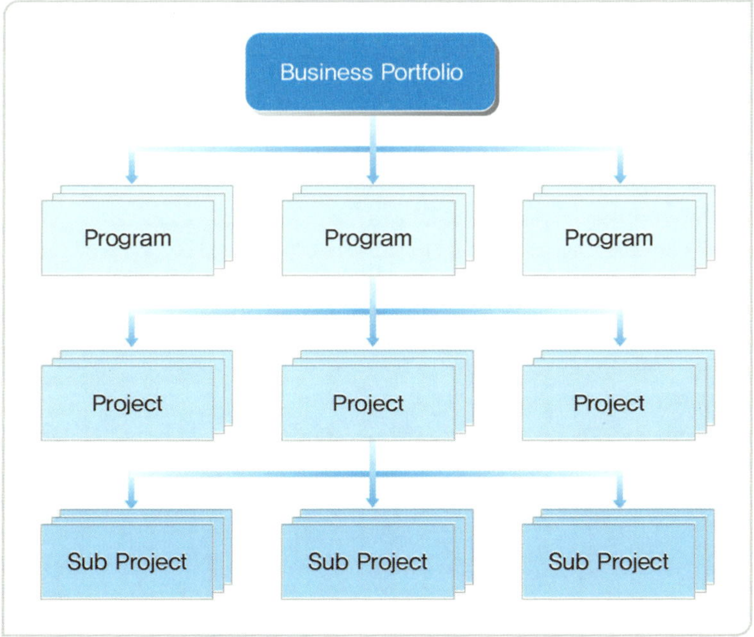

그림 9 프로젝트의 개념도

전략에서 프로그램이 나오고 그 프로그램의 하위 프로젝트가 있으며 또한 프로젝트 하위에는 Sub 프로젝트가 존재한다.

- 프로그램은 전략적 계획 달성을 위한 프로젝트들의 상호 관련된 집합체이다.
- Sub 프로젝트는 프로젝트를 관리 가능한 단위로 분할한 것으로 의미한다.
- 프로젝트에서 포트폴리오라는 것은 프로젝트 또는 프로그램들의 집합체로 볼 수 있다.

구 분	정 의	책임자
포트폴리오	프로그램과 프로젝트 집합	경영자
프로그램	성호 연관된 프로젝트들의 집합	프로그램 관리자
프로젝트	개별 단위 프로젝트	프로젝트 관리자
서브 프로젝트	하위 서브 프로젝트	프로젝트 리더
액션 아이템	액션 아이템의 실행	팀원

그림 10 포트폴리오, 프로젝트 정의와 역할

[그림 10]은 포트폴리오, 프로그램, 프로젝트, 서브 프로젝트, 액션 아이템 등을 정의하고 그에 관련한 예시와 책임자 등을 정리한 도표이다.

01. 프로젝트 정의와 개념

02. 프로젝트 관리 개념

03. 프로젝트 생애 관리

04. 프로젝트 이해관계자 커뮤니케이션

02

프로젝트 관리 개념

프로젝트는 생물체

프로젝트는 살아 있는 생물체이다. 업무와 사람 그리고 과정을 어떻게 관리하느냐, 추진하느냐가 프로젝트의 성과와 가치에 큰 영향성을 준다.

프로젝트는 납기가 정해져 있어 정확하게 계획 아래 업무가 추진된다. 이것은 계획과 실행 그리고 점검의 연속적이고 지속적인 반복 활동을 의미한다. 하나의 프로젝트는 여러 개의 액티비티(Activity) 즉, 액션 아이템으로 구성되어 추진되는데 이러한 액션 아이템은 일정에 따라 계획, 실행, 점검의 사이클을 돌면서 업무가 추진되는 것이다.

프로젝트 리더는 이러한 프로젝트의 사이클을 기획, 운

영하면서 납기 관리를 해 나가야 하는데 이것을 "프로젝트 관리"라고 한다. 프로젝트 리더의 역량에 따라 성과가 달라지기 때문에 리더의 관리 기법과 리더십이 매우 중요하다.

1 관리의 정의와 목적

"프로젝트 관리"의 정의는 프로젝트가 진행이 되게 하는 기법과 프로젝트 요구 사항을 만족시키기 위해 프로젝트 활동에 지식, 기술, 도구, 기법을 적용하여 성공적으로 프로젝트를 완수하는 일련의 활동을 의미한다.

프로젝트의 관리 프로세스의 기본 구성 요소는 다음과 같다.

R&R(Role & Responsibility)

프로젝트는 이해관계자들과의 "역할과 책임"으로 구성된다. 각자의 역할과 책임에 따라 업무 단위가 분할되고 종합적으로 움직여진다. 프로젝트 리더는 전체를 조율하고 시너지를 내는 오케스트라의 지휘자와 같은 기능을 하게 된다.

R&P(Rule & Process)

프로젝트를 추진하기 위해서는 기본적인 그라운드 룰(Ground Rule)서부터 프로젝트를 유지하기 위한 규칙(Rule)과 절차(Process)를 정의하고 그것을 프로젝트 맴버들이 인식하고 지킬 수 있도록 교육하고 실행하여야 한다.

프로젝트 시작과 더불어 가장 먼저 해야 할 일이 프로젝트를 추진하게 위해서 상호 지켜야 할 사항과 더불어 절차 등을 공유하고 인식하는 것은 프로젝트 추진에 있어 매우 중요한 프로젝트 리더의 초기 업무이다.

T&T(Tool & Technique)

주로 프로젝트를 추진하기 위해서는 수많은 도구(Tool)와 기법(Technique)이 활용된다. 이러한 도구와 기법을 잘 활용할수록 업무의 정확도와 신뢰성 그리고 객관성 등을 유지할 수 있으며, 많은 이해관계자들과의 갈등의 소지도 줄여 나갈 수 있다.

특히, 이러한 도구와 기법을 통해 빠르게 의사결정을 도출해 낼 수 있으며, 프로젝트 리더는 이러한 도구와 기법을 활용할 줄 알아야 프로젝트원들을 교육하며 프로젝트를 리딩해 나갈 수 있다. 예를 들면, 브레인스토밍, KJ(Kwakita Jiro)법, PDS(Plan, Do, See) Cycle, 의사결정 트리 구조, 프로젝트 관리기법, QC(Quality Control) 7가지 도구 등을 활용하는 것이다.

프로젝트의 관리 목적은 원하는 프로젝트의 목표 달성을 위한 조정과 원하는 기능을 적절한 방법으로 수행하고 주어진 시간 내에 프로젝트를 완료하는 것을 말하며, 예산을 초과하지 않고 고객이 만족하는 프로젝트 성과를 얻는 것이 무엇보다도 중요하다.

정해진 납기와 좋은 품질, 낮은 가격은 프로젝트 리더의 관리 마인드로서 리더는 최소한의 투입으로 최대한의 효과와 성과를 올릴 수 있도록 프로젝트를 이끌어 나가는 것이 무엇보다도 중요하다.

그래서 프로젝트 리더는 프로젝트 기법을 알고 실행해 나가는 지식과 경험체계를 습득하고 실행하면 큰 성장과 성과를 만들어 낼 수 있다. 리더의 몰이해로 인한 프로젝트의 실패는 개인과 조직에 큰 영향을 줄 수 있기 때문에 리더의 솔선수범과 노력은 학습을 통해 꾸준히 이루어져야 한다.

2 PMO의 설치 이유

프로젝트를 추진하기 위해서는 컨트롤 타워가 필요하다. 바로 이러한 조정과 통제, 중재 그리고 추진이 이루어지는 곳이 바로 PMO이다. PMO는 Project Management Office로서 여러 기능과 역할이 있다.

가장 큰 역할은 프로젝트의 관리에 대한 모든 것을 관장한다고 보면 될 것이다. 주요 기능으로는 추진하고 있는 프로젝트의 모니터링, 감리, 위험관리, 일일회의 주관, 관리자, 맴버들의 양성, 평가, 선정 그리고 프로젝트 관리 방법론의 수립 및 유지보수(템플리트, 표준, 샘플 등), 프로젝트에 대한 베스트 프랙티스(Best Practices) 발굴과 전파 등이 PMO의 역할이라고 할 수 있다.

프로젝트는 일관된 활동 계획에 의거 일일회의와 진도관리, 성과 관리를 해 나가면서 교육과 도구의 활용, 이해관계자와의 협의, 협업 구조를 끌어내는 것 등 많은 액티비티(Activity)를 연결하여 하나의 성과가 나오게 된다.

이러한 것을 일사분란하고 지속 가능하게 하는 상황과 인프라 구축을 위해서 PMO는 상당히 중요한 역할을 하며 프로젝트 관리를 위해서는 반드시 필요한 조건이다.

3 프로젝트 9대 관리 영역

성공적인 프로젝트 달성을 위해 프로젝트의 관리영역은 총 9대 영역으로 구성하여 지식영역으로 구성된다. 프로젝트 리더가 성공적인 프로젝트의 달성과 팀의 효과를 극대화하기 위하여 집중시켜야 할 필요한 핵심역량에 관련한 지식영역으로 정의된다. 사례로 "교육과정 개발"의 프로젝트의 9대 관리영역은 다음 [그림 11]과 같다.

프로젝트 9대 관리 영역별 세부 내용과 활용방법, 이론은 PMI주관 PMP자격과정이나 PM관련 자료를 찾아보면 쉽게

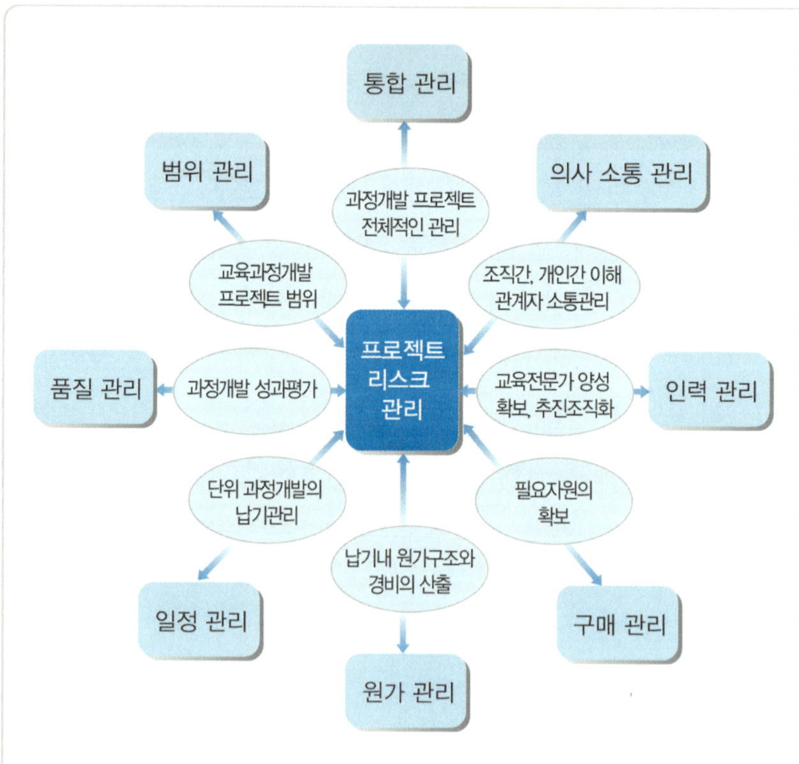

그림 11 교육과정 개발 프로젝트의 9대 관리영역 예시

이해할 수 있을 것이다. 프로젝트 리더의 업무관장의 주요 활동 범위가 되며 이를 복합적이고 체계적으로 활용함으로써 효과를 만들어 낼 수 있다. 그래서 리더나 관리자는 리더십에 대한 부분과 더불어 일을 하는 방법과 방식에 관한 여러 가지 방법을 알고 있으면 좋은 성과를 만들어 낼 수 있다.

01. 프로젝트 정의와 개념
02. 프로젝트 관리 개념
03. 프로젝트 생애 관리
04. 프로젝트 이해관계자 커뮤니케이션

03

프로젝트 생애 관리

Project Life Cycle

프로젝트는 살아 있는 생물체이다. 생물체는 변화하고 진화한다. 프로젝트는 일정한 사이클로 추진되며 그에 따라 프로젝트 관리를 통해 효과와 효율을 내야 한다.

프로젝트는 하나의 생물체로서 생성과 소멸, 시작과 종료라는 단계로서 생애 관리된다. 프로젝트는 독특한(Unique) 특성으로 불확실성이 높고 착수부터 프로젝트 완료까지 프로젝트 생애주기(Project Life Cycle)에 따라 일이 추진된다.

프로젝트는 비용과 구성원의 투입 수준은 프로젝트 초기단계에서 낮고 중간단계로 갈수록 높아지고 최종단계에서는 급속히 감소하는 현상을 보인다. 그래서 초기에는 프로젝트의 성공확률이 낮고 위험과 불확실성이 높은 반면에 프로젝트가 진행될수록 성공확률은 일반적으로 높아진다.

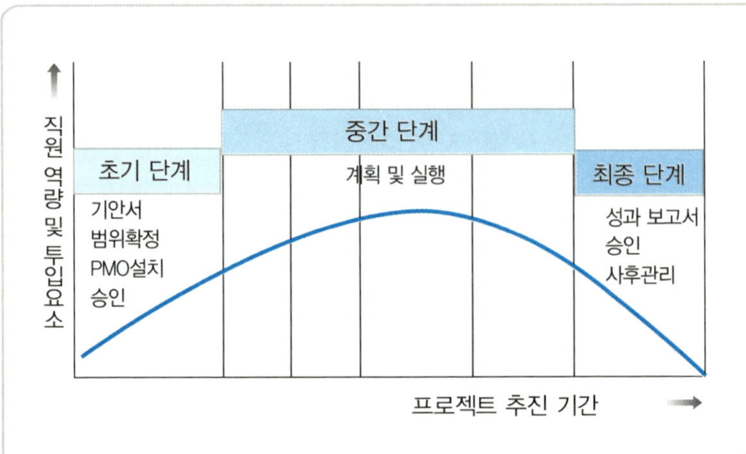

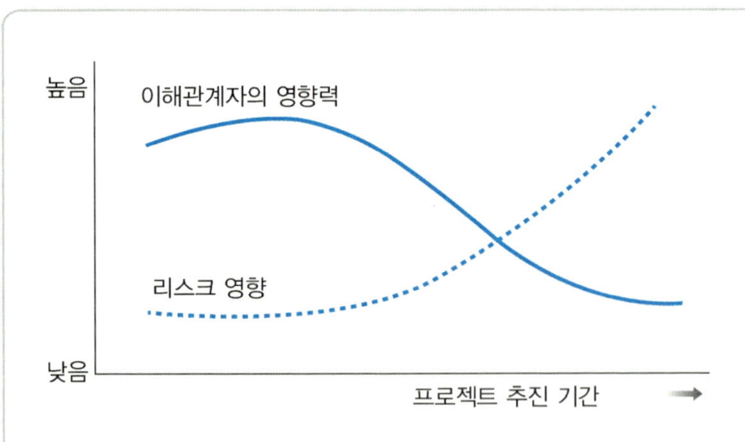

그림 12 프로젝트 생애주기 단계별 프로세스

프로젝트의 최종 산출물에 가장 영향력을 주는 이해관계자(Stakeholder)의 능력은 초기에 가장 높다. 그래서 프로젝트 초기에 정교한 계획서를 작성하고 이에 따라 이해관계자의 기능과 역할을 제대로 적확(的確)하게 구성하는 것이 무엇보다도 중요하다.

프로젝트는 지속적인 작업들과의 연계를 위하여 몇 개의 단계로 나눈다. 몇 개의 단계는 이전 단계의 승인에 앞서 다음 단계를 시작하는 중첩단계가 간혹 생기는데 이것은 리더가 중재와 조정을 통해 정리해 주어야 한다.

프로젝트 리더는 상기 프로젝트의 생애주기를 이해하고 시간축 선상에서 프로젝트의 과정 관리와 이해관계자 등과의 여러 커뮤니케이션을 통해 산출물과 프로젝트 팀원을 관리해 나가야 한다.

01. 프로젝트 정의와 개념
02. 프로젝트 관리 개념
03. 프로젝트 생애 관리
04. 프로젝트 이해관계자 커뮤니케이션

04

프로젝트 이해관계자 커뮤니케이션

Stakeholder(이해관계자)

하나의 프로젝트 추진 시 수많은 이해관계자와의 소통과 협력이 요구된다. 이것을 원활하게 하는 것이 프로젝트 리더의 가장 중요한 핵심 역량이다.

이해관계자(Stakeholder)

프로젝트의 완료나 실행 결과에 따라 영향을 받게 되는 프로젝트에 실질적으로 관련된 개인이나 단체를 말한다.

주로 프로젝트 관리자, 고객, 사용자, 수행 조직, 프로젝트 팀원, 프로젝트 관리팀, 후원자 등이 대상이 된다.

이해관계자는 프로젝트에 큰 영향을 주며 상호 커뮤니케

이션을 소통관계에 두고 원활하게 업무를 추진해야 한다. 이해관계자는 각자의 이익에 중점을 두고 행동하기 때문에 중재와 협력을 이끌어 내는 것이 프로젝트 리더의 역량이기도 하다.

How

Chapter 3

How

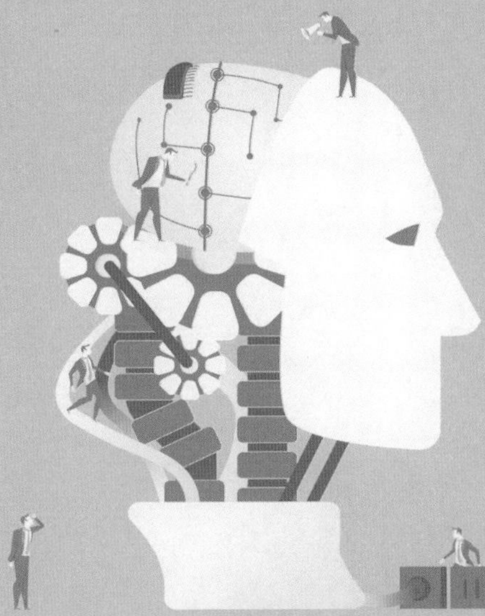

어떻게 하면 프로젝트를 효율적으로 추진하는가?

01. 프로젝트 리더의 기본 소양

02. 프로젝트 추진 기법

03. 프로젝트 리더의 역할 7DNA

01

프로젝트 리더의 기본 소양

일하기 전의 마음자세

프로젝트를 시작 전 팀원들의 사기와 프로젝트에 임하는 자세는 무엇보다도 중요하다. 준비된 팀원들은 어떠한 업무를 수행하더라도 잘해 낼 수 있는 정신을 가지고 있다.

프로젝트를 추진한다는 것은 일상 업무와는 달리 목표가 정확히 있다.

그 목표는 품질이든 원가든 납기든 목표가 명확히 설정되어 누구라도 알 수 있는 상태로 추진되어야 한다. 그렇기 때문에 프로젝트에 임하는 팀원들의 사기와 전문성 그리고 하고자 하는 열정과 의욕은 무엇보다도 중요하며, 프로젝트 리더는 여러 팀원들의 다른 생각과 태도를 한 방향으로 정렬시켜 프로젝트를 시작할 준비를 해야 한다. 프로젝트는 자율적이고 주도적으로 업무에 임할 때 높은 생산성을 보여 줄 수 있다.

팀원들이 사기 저하와 더불어 각자 할 일이 무엇인지, 시키는 일만 한다든지 하면 이것은 포로젝트(Porojecct)와 별반 다름이 없다. **프로젝트(Project)를 할 것인지, 포로젝트(Poroject)를 할 것인지는 리더의 리더십**과 팀원들의 열정과 태도에 달려 있다. 이러한 분위기와 실력을 성장시키는 것은 또한, 프로젝트 리더에 달려 있다.

결국 프로젝트는 전문가들이 스스로 자율적이고 주도적이며 창의적으로 문제를 해결해 나가는 프로들의 활동이라고 할 수 있다. 반대로 포로젝트는 시키면 시키는 대로 타율적이고 수동적으로 마지못해 하는 상황을 연출하게 된다.

이러한 포로젝트에서는 좋은 품질과, 납기, 낮은 원가를 기대할 수 없다. 왜냐하면 좋은 생각과 아이디어의 개진과 더불어 실행이 타율적으로 되어 실제로 효과를 보기까지는 상당한 기간이 걸리거나 아예 측정이 불가능한 상태로 되어버리기 일쑤이다.

유능한 리더는 프로젝트(Project)하여
성장과 성과의 가치를 만들어 내고,
무능한 리더는 재미 없는 포로젝트(Poroject)하여
갈등과 실패의 낭비를 만들어 낸다.

프로젝트를 추진하기 위해서는 팀원들의 열정과 의욕이 기반이 되어 한 방향적인 노력이 요구된다. 그것이 바로 팀웍이고 실력이다. 그러면서 상호 보완적으로 가르치고 배우고 서로 성장하는 것이다.

프로젝트(Project)	VS	포로젝트(Porojeсt)
• 자율적		• 타율적
• 주도적		• 수동적
• 창의적 특성		• 폐쇄적 특성
• 전문가적 활동		• 초보적 활동
• 창의적 문제해결		• 문제답보
• 성장과 성과 집중		• 현장과 답습 집중
• 새로운 가치 창출		• 일상적인 일 집중

그림 13 프로젝트와 포로젝트의 차이점

일을 통해서 개인도 성장하고 기업도 지속 가능한 성장과 성과를 낼 수 있다. 그래서 일을 재미나게 해야 하는 이유이기도 하다. 일에 있어서 재미의 3대 요소는 다음과 같다.

첫째, 일 속에서 개인이 성장하고 있다는 것을 느끼게 해 주어야 한다.

이는 조직 속에서 일을 하면서 사고방식을 발전시키고 지식을 함양하는 가운데 이루어진다. 프로젝트 팀원들에게 이러한 일을 통해서 “바로 이 맛”을 느끼게 해 주면 큰 변화와 혁신을 주도하는 인재를 양성해 낼 수 있다. 별도로 집합 교육이나 온라인 교육도 중요하지만 일 속에서 개인이 성장하고 있다는 생각이 매일매일 동기부여 받게 되면 보람과 열정으로 가득 차 있을 것이다.

둘째, 성취감이다.

일 속에서 무엇인가 해 냈다는 보람과 성취감을 느끼면 일이 재미 있다. 내가 할 일이 정해져 있다고 그 일만 하고 변화와 혁신적인 업무에 도전하지 못한다면 일 속에서 새로운 도전과 성공은 이루어지지 않을 것이다.

성취감은 목표와 연계되어 개인의 목표와 조직의 목표가 연동되어 추진될 때 각 개인은 주인의식이 생기고 더욱 더 도전하는 열정으로 업무에 임하게 된다. 작든 크든 일 속에서 성취감을 느끼는 것은 개인에게 커다란 자극과 신선한 성장으로 큰 도움이 된다.

프로젝트를 추진하다 보면 각자의 일만 주어지는 경우 그 일만하게 되는데 초기의 작업은 이렇게 하더라도 프로젝트가 성장하는데 있어 프로젝트를 개선하고 도움이 된다는 자부심을 얻을 때 각 개인은 성취감을 느끼고 일에 있어서 재미를 느끼게 된다.

셋째, 정당한 평가와 보상이 있어야 한다.

이 부분은 조직 운영에서 가장 어려운 부분 중의 하나이다. 개인의 성장과 목표 달성만으로는 지속적인 노력을 이끌어 내는 데 한계가 있다. 크게 성과를 이룬 사람에게는 격려를 해주어 동기부여를 해 주어야 한다. 이러한 동기부여의 방법에는 정신적인 보상과 물질적인 보상이 있을 수 있다.

정신적인 보상은 인정하는 분위기를 만들어 주는 것이고 물질적인 보상은 한 만큼 피드백 되는 체계를 만들어 주는 것이다. 상사의 아낌없는 격려와 칭찬, 표창, 위촉 그리고 자부심을 느끼게끔 하는 여러 방법을 보여 주는 것도 효과적인 방법이다. 프로젝트 추진 시 훌륭한 리더는 이러한 정신적인 보상에 많은 격려를 아끼지 않는다. 포로젝트를 하고 있는 곳은 납기와 질책과 갈등만이 존재하게 된다.

프로젝트를 하면서 가장 중요하게 생각해야 할 리더의 마음가짐은 팀원들이 높은 의식을 가질 수 있도록 환경을 만드는 것이고 팀원 스스로 이를 매일 실천할 수 있는 지속 가능한 경영과 지원 프로그램을 지속적으로 지원해 주어야 한다. 팀원 모두가 자신이 해야 할 과제를 알고 있다고 해서 저절로 행동이 나오는 것은 아니다.

성과를 높이고 이익을 만들기 위해서는 부단한 노력과 연구가 필요하다. 일을 통해서 훈련하고 자신의 생각과 몸에 완전히 내재화, 습관화시켜야 한다. 이것이 프로젝트를 하며 성장시켜야 할 프로젝트 리더의 인재 육성 포인트이다.

1 마스터 플랜에 대한 기획

프로젝트의 시작은 프로젝트에 대한 제반 전략과 방향 그리고 전체적인 기획서의 품의로부터 시작하여 결재권자의 승인을 얻는 것으로부터 시작된다. 대개의 경우 프로젝트는 3개년의 중·장기 전략으로부터 기안하여 실행 단계에서 당해 연도의 프로젝트 추진계획으로 추진하게 된다.

프로젝트를 기안하고 기획한다는 것은 중·장기 전략으로부터 단기 전략까지를 스토리로 엮어 전체적인 흐름을 이해하고 단기 전략에서 선택과 집중하는 실행 전략을 활용하게 된다. 프로젝트의 승인은 승인권자의 스폰서십(Sponsorship)을 기대할 수 있으며 조직에서 일을 추진할 수 있는 근거를 마련하는 아주 중요한 첫 단추이다.

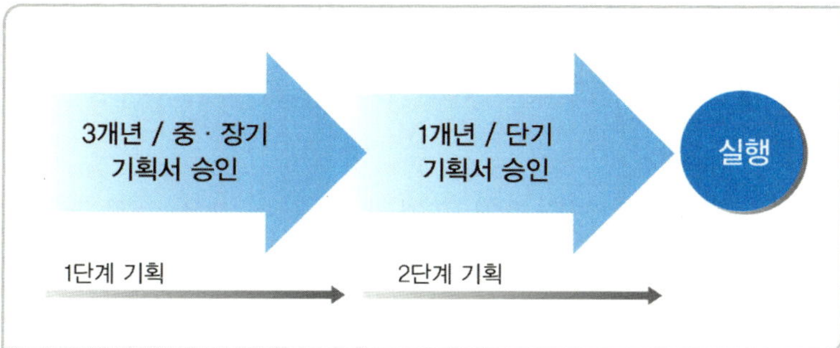

그림 14 마스터 플랜에 대한 기획과 실행 구조

그러나 이러한 기획서가 한 번에 승인되거나 결재되는 경우는 매우 드물다. 그만큼 상사의 생각과 전체적인 상황 논리를 잘 알고 있지 않으면 엉뚱한 기획서가 나오기 때문이다.

그래서 기획의 달인이 되어야 하는 이유이기도 하다. 아무리 잘 쓴 기획서라 해도 상사를 설득하거나 승인을 받지 못하면 일을 추진할 수 없다. 그만큼 기획서는 의미가 있으면 중요하다고 할 수 있다.

일에 있어서 전체적인 흐름과 맥락을 유지하고 기획하기 위해서는 많은 정보와 인적 네트워크 그리고 논리를 가공할 줄 아는 기획 역량이 필요하다.

프로젝트를 하면서 가장 많이 배우는 것이 기획서이다. 스피드 있게 업무를 추진하다 보면 산출물에 대한 입안과 더불어 결과 보고가 수시로 이루어지기 때문이다. 기획서

쓰는 요령을 배우는 것은 일을 추진하는 것과 비교하여도 그 우열을 가릴 수 없는 아주 중요한 지식 근로자의 생산성이다.

단기 프로젝트 기획서에서 가장 중요한 것은 프로젝트의 산출물과 추진할 수 있는 계획서이다. 이 계획서에는 액션 아이템과 더불어 담당자, 납기를 명시해서 구체적으로 실행할 수 있는 계획서가 있기 때문이다.

㈜ N사 "HRD역량컨설팅" 프로젝트 추진(안)

2019.08.12
인사지원팀

1. 배경

회사의 성장과 더불어 임직원의 역량향상과 기술경쟁력을 강화하기 위해 가이드 라인 개념의 교육체계를 벗어나 직무특성을 반영한 **맞춤형 직무별 Career Path System**의 구축과 **맞춤형 인적양성 교육체계 개발**이 필요함

2. 목적

"국내 유일의 반도체향 전문업체로써 외산 장비 업체와 치열한 경쟁 구조에서 생존뿐 아니라 연구 및 기술개선을 통하여 Global No.1을 향해 나아가고 있음"

"내부기반 기술의 지속적인 축적을 통하여 인재를 육성하고, 핵심인력과 지식을 자산화 하고자 함"

3. 현실과 방향

AS - IS

- **임직원 양성체계성 부족**
  :신입(동기부여 미흡),경력(직무전문성부족)
- **핵심역량 내재화 미흡**
  :임직원 역할 및 비전약화
- **교육을 통한 성장 연계성 부족**
  :자사 기술역량 내재화 및 고도화 미흡

TO - BE

- **임직원 양성 체계적, 제도적 지원**
  :조기전력화, 인사제도 연계
- **독보적 기술내재화 인적자원 양성**
  :당사 지적 자산화, Know How 전수 표준화
- **Career Path System 구축**
  :임직원 저변확대 및 기초역량 고도화 제시

그림 15 단기 프로젝트 기획서 예시-1

4. 추진방향

Global No.1

국내를 넘어서 세계로

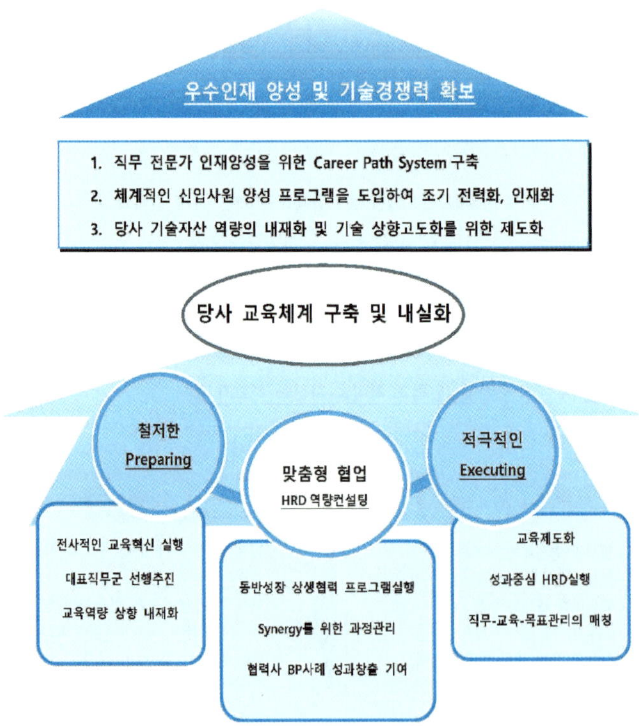

그림 15 단기 프로젝트 기획서 예시-2

5. 추진계획

1) 기간 : '19년 8월 ~ '19년 10월 (3개월), OSC (On Site Consulting)

2) 과제

① 신입사원 조기전력화 과정개발 (제도 및 표준화)

② 당사 직무별, 계층별 인적자원 경력관리 교육체계 구축 (경력경로제시)

③ 사내 강사제도 및 강사양성 과정 개발 실행 (기술자산 내재화)

④ 향후 교육 Academy로써의 기반 조성

3) 지원 : HRD 역량 컨설턴트 이경환 Ph.D (학습조직 공학박사)

6. 추진 조직도

7. 기대효과

1) 임직원들의 자기계발을 촉진하고 학습조직의 문화를 형성할 수 있음

2) 당사 기술의 핵심역량 내재화를 통해 기술 경쟁력 확보

3) 신사업 성장엔진을 발굴하고 이끌 수 있는 콜라플 조직 형성에 기여

4) 교육 Academy로써

- 고객사 제품교육 및 기술교육 기관 역할.

- 끝.

그림 15 단기 프로젝트 기획서 예시-3

'19년 하반기 HRD역량 컨설팅 Project 추진 계획서

ㅁ 대상 협력사 : N사 (중강소기업)　　　　Program Manager KHAN, Ph.D

ㅁ PJT기간 : '19년 8월 ~ '19년 10월 (3개월)　　　　2019.08, Rev00

구 분			'19년 8월		'19년 9월					'19년 10월				'19년 11월	
일정	아이템	산출물	3W 8/19	4W 8/26	1W 9/2	2W 9/9	3W 9/16	4W 9/23	5W 9/30	1W 10/7	2W 10/14	3W 10/21	4W 10/28	1W 11/4	2W 11/11

일정	아이템	산출물	추진 내용
분석 (10Day)	① FGI (인사팀장, 개발팀장 전문경영인, 대표이사) ② DLOQ : 학습조직설문 • 경영자 지원 • 관리자 실행 • 제도개선 항목 • 중요도/제안 사항 ③ 경영환경 분석 • 전략, 취약점 분석 • 사업/제품/기술이해	① Kick Off 기획서 (보고/승인) ② 추진TF 구성 ③ 컨설팅 KickOff 행사	**Meeting** • Introduction/ Project설명/ 방문인사 • FGI인터뷰대상자선정/질문리스트작성 • 일정수립 / 인터뷰 내용 기록 • DLOQ설문 (추가질문 포함)– 네이버설문 • 경영현황자료, 회사소개,기술이해, 직무이해 (TF선발요청) **Pre Workshop** • 대표 인터뷰 (사진촬영) - HRD역량컨설팅 Kick Off • 경영진의지와 조언사항 참고 최종 기획서 작성 : 승인요청 • 자체 승인서 공유/ 추진TF 조직화/인원협조 (전일 Off) **Project 기획서 승인** **Project Kickoff행사** • 당사/협력사 대표참석 • TF원참석, 인사팀장 추진사항 • 티타임
설계 (10Day)	① 회의체계 보고체계 담당자 R&R PMO설치 현황판 설치 ② Project과제 추진 세부내용 공유 ③ 개발 도구/이해	Sample 직무 CPS 설계 : 가이드북 초안완	**5Day Workshop** • 추진 TF Work Shop • Introduction • 과제의 명확화 이해 **5Day Workshop** • Sample직무표준화/승인 • 타 직무 횡전개 + 기타역량 Merge • 과정에 대한 표준화 작업 실시 **00CPS Guide Book완성** • 과제 Sample선정 • * 향후 타 직무 횡전개시 SME 활용(내재화) • NCS기반 직무 활용 및 작성예시, 표준양식 제공 • 표준양식 : – 직무역량 : 비전인재상, 직무정의, 필요능력 Skill set, CourseWork Mapping – 공통/리더십역량 : 교육세터 가이드북 활용 – 법정교육 Mapping (4개 역량구분 작성) • 1차 Guide Book 완성

그림 16 단기 프로젝트의 추진 계획서

2 프로젝트 조직화 방법

프로젝트는 훌륭한 인적자원들이 모인 결정체이다.

이러한 조직을 조직화하고 활용하기 위해서는 해당 부서에 사전에 참여 요청과 더불어 프로젝트에서 기능과 역할을 정의하여 미리 준비하는 것이 중요하다.

프로젝트를 추진할 때 리더들의 가장 중요한 기능과 역할 중의 하나는 프로젝트 원들과 이해관계자들의 역량을 프로젝트를 추진하면서 최대한 발휘되도록 하는 것이다. 이것에는 조직의 원활한 조직 결성과 인적자원간의 갈등 조정, 동기부여의 영역이 포함된다.

프로젝트 리더는 성공적인 프로젝트의 성과를 달성하기 위해 팀원들에 대한 역할과 책임을 어떻게 조직화하느냐가 매우 중요하다. 조직화하는 방법은 크게 기능 조직(Functional Group), 프로젝트 조직(Project Group), 매트릭스 조직(Matrix Group)으로 나누어 추진할 수 있다.

첫째, 기능 조직은 전통적인 영업, 개발, 생산, 관리 등의 고유 목적으로 부서장 또는 리더를 중심으로 구성된 조직 형태를 말한다.

둘째, 프로젝트 조직은 프로젝트 단위로 조직이 결합되는 형태로 프로젝트가 완료되면 조직을 해산하고 팀원들은 원 부서로 복귀되거나 다른 프로젝트의 조직으로 귀속된다.

셋째, 매트릭스 조직은 기능 조직과 프로젝트 조직을 융합하여 각기 장점을 극대화한 조직의 형태이다. 매트릭스 조직에서는 기능 조직의 관리자와 프로젝트 관리자의 갈등

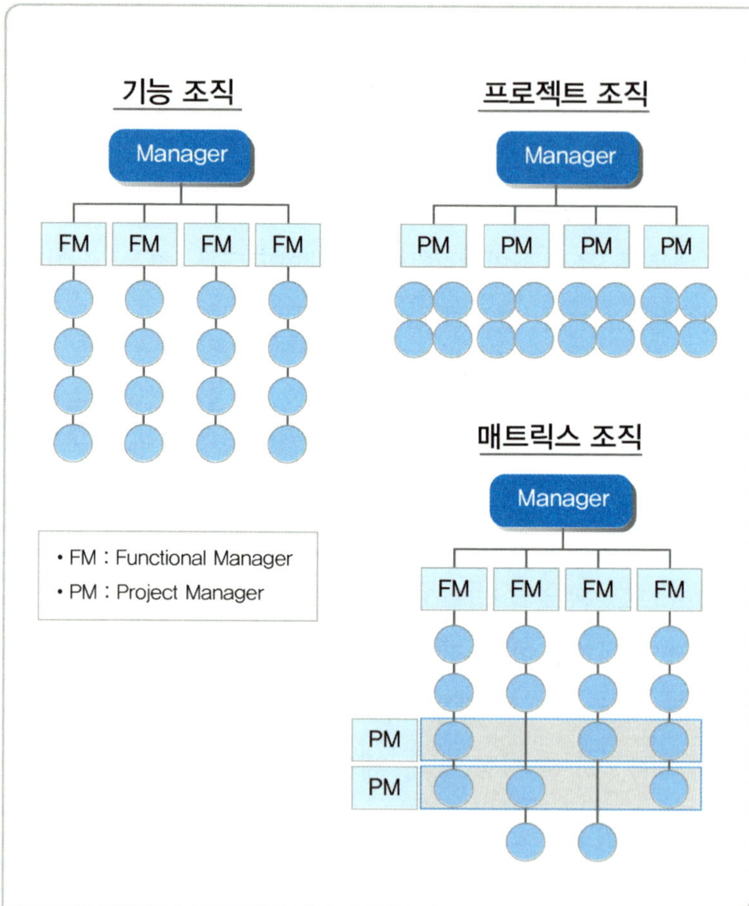

그림 17 조직의 형태별 도식도

을 줄이기 위해 조직원들의 업적 관련 평가는 PM(Project Manager)이 능력 관련 평가는 FM(Functional Manager)에게 권한을 부여한다.

이러한 조직화에 대한 개념은 프로젝트를 시작하기 전에 프로젝트의 성격과 상황에 따라 구성할 수 있다. 또한, 이러한 조직의 장·단점으로는 다음 [그림 18]과 같다.

기능조직	프로젝트 조직	매트릭스 조직
FM이 모든 권한을 갖는다.	PM이 모든 권한을 갖는다.	FM과 PM이 권한을 나눈다.
기능별 전문성이 강조됨.	프로젝트 효율성이 강조됨.	기능별 전문성과 프로젝트 효율성을 모두 발휘가능
효과적인 의사 결정이 어렵다.	프로젝트 종료 후 귀속 부서 없으므로 **소속감 결여**	**FM과 PM사이의 균형 필요**

그림 18 조직별 장·단점

3 Credo를 통해 한마음화

조직화 이후에는 프로젝트 팀원들이 열정적이고 적극적으로 업무에 몰입할 수 있도록 지원하고 지도해야 한다. 지도와 지원 사항 중에 프로젝트의 시작하는 당부와 마음가짐을 잘 알려 주는 것은 매우 중요한 리더의 역할이다.

프로젝트 리더는 이러한 활동을 통해 팀원들에게 동기부여를 주고 일에 몰입할 수 있도록 환경을 마련해 주는 것이 중요하다. 팀원들을 한 마음으로 일을 할 수 있는 의욕과 열정을 불어 넣는 것은 프로젝트 리더의 가장 중요한 기능과 역할 중의 하나이며, 이를 통해 워크 스마트하게 일사불란한 조직관리, 업무관리, 인적자원관리를 해 나갈 수 있으며, 팀원들은 이러한 리더를 믿고 존경하며 성장과 성과를 만들어 낼 수 있는 것이다.

프로젝트에 임하는 각오에 대해 리더가 생각하는 사항과 더불어 팀원들의 각오와 상호 생각을 교류하는 분위기도 만들어 교류의 시너지를 내도록 협업 구조를 만들어야 한다.

프로젝트를 하기 위해 맨 처음 모이게 되면 서로서로 눈치만 보게 되고 탐색을 하게 되는데 프로젝트에 임하는 생각이나 교류를 통해 어색한 분위기와 상호 이해를 증대시킬 수 있다. 그래야 빠르게 업무에 몰입할 수 있고 상호협력 구조를 공고히 하여 팀워을 발휘할 수 있으며, 프로젝트 리더 관점에서도 빠르게 프로젝트의 목적과 목표를 위한 액션 아이템에 대한 과정관리를 지시하거나 토론할 수 있는 심리적 여유를 만들어 낼 수 있다. 급하다고 해서 업무를 지시 일변도로 가는 것은 상호 갈등과 불통으로 인한 개인 간의 벽, 부서의 벽을 넘어 가지 못해 업무의 과정관리에 문제를 일으킬 수 있다.

다음은 한 프로젝트의 리더가 프로젝트를 시작함에 Credo와 함께 리더로서의 각오와 당부 사항을 전달한 내용을 발췌하였다.

Project 추진의 7 Credo

1. 협업한다.
2. 수용과 포용, 학습하는 자세가 중요하다.
3. 속전속결 : TFT는 Force의 에너지를 쓰는 것이다. 실행과 생각을 동시에 한다.
4. 혼자에서 다수와 협업하여 시너지를 낸다.
5. 자기만의 활동계획서를 통해 계획하고 실행하며 점검한다.
6. 적극적인 사고로 행동한다.
7. 보람과 성취를 느낄 수 있도록 일과 자부심을 갖는다.

당부사항 예시

1. 근번, TF는 연구개발본부의 교육체계와 과정을 재정립하고, 5년, 10년 뒤를 준비하는 아주 중요한 TF이다.
2. 3주간의 TF는 초기 2주의 활동에 따라 달라짐, 좀 힘들어도 1, 2주가 Peak이다.(프로젝트 라이프 사이클)
3. 3주 후 4주차는 공청회 준비/ 이때 각 본부별 발표는 실무 담당자가 직접 발표하도록 한다.
4. 이후 과정개발 TF로 연계된다.
5. TF를 잘 하는 방법 : 나만의 생각을 버리고 협업자, 이해관계자와 함께 협업을 잘 이끌어 내는 것이다.
6. 이번 TF의 범위는 교육과정 개발 중 레벨2 실무과정에 한해 개발 입안을 하는 것이다.
7. 담당자 별 자기의 업무 역할과 액션 아이템에 대해 명확히 알고 실행을 하자.
8. 기타 개인 생활이나 문제가 있을 때는 주저하지 말고 이야기 하자.

4 프로젝트의 명확한 산출물, 담당자, 납기, 승인 절차, 기법 등 설명

일차적으로 리더와 팀원, 팀원 간의 소통이 이루어졌다면 다음으로는 프로젝트의 명확한 산출물과 담당자, 납기를 각자가 정확히 알고 있어야 하며, 그 업무에 대한 승인 절차 및 사용되는 기법까지 지도되어야 효과와 효율을 올릴 수 있다.

각 개인의 목적과 목표에 대한 정확한 이해야 말로 프로젝트의 성패가 달려 있는 것이며 충분히 왜(Why)에 대한 이해를 통해 무엇을(What), 어떻게(How)를 스스로 자율적이고 주도적으로 실행해 나갈 수 있는 것이다.

그래서 프로젝트 리더는 가장 중요하게 해야 할 사항 중의 하나로 단기 프로젝트 계획서에 입각한 세부적인 산출물 관리표를 작성하여 팀원들과 공유를 해야 한다. 리더가 많은 정보를 팀원들과 공유하지 못하면 방향과 효율을 관리하는 데 있어 장애 요인이 발생한다.

가능한 많은 정보를 팀원들에게 줌으로써 실행하는 데 있어 큰 도움이 되도록 해야 한다. 어느 리더는 정보를 지원해 주지도 않으면서 일을 잘하기를 기다린다거나 몰이해로 여러 사람들의 소통에 문제를 일으키게 하는 경우가 종종 있다.

산출물에 대한 세부 명세표의 작성은 전체적인 프로젝트 범위에 대한 사출물의 내용과 그에 대한 가중치를 통해 업무의 중요도를 알 수 있도록 하며 납기와 승인을 받는 절차, 사용되는 기법 등에 대해서는 간략히 표현하여 프로젝트의 산출물 관리에 대해 누구라도 알 수 있도록 표현하고 공유하는 것이 중요하다.

구 분	단계별 산출출	세부항목	담당자	납기	승인 절차	기법
핵심역량 모델링	표준 Skill Set	• 직무 세분화 • 세부 직무별 핵심역량 정의	홍은주	20년1Q	TF장	CBC
	역량 준거표	• 레벨 정의 • 레벨별 요구수준 정의	이응소	20년2Q	TF장	벤치 마크
	역량개발 가이드 북	• 세부/직급별 요구 정의	김미화	20년3Q	인사 팀장	CBC
교육 솔류션 수립	역량개발 가이드 북	• 핵심역량 - 교육과정 맵핑 • 신규 교육과정 개발 • 커리어 로드맵 • 평가/인증 프로세스 구축 • 용어집/역량평가/진단지 개발	홍은주 이응소 김미화	20년4Q	인사 팀장	CBC

그림 19 프로젝트의 산출물 세부 명세도표

프로젝트에 대한 시작점에서 팀원들과 같이 공유하며 향후 전개되고 추진되는 상황을 공유하는 것은 매우 중요하다. 이것은 결과적으로 산출물로서 나와야 하는 이미지에 대한 비전을 가지고 추진할 수 있는 근거와 사전 정보차원에서 리더가 작성하여 공유하는 것을 원칙으로 한다.

5 과정관리의 체계를 체계적으로 구축하라

프로젝트는 하나의 목적과 목표를 위해서 여러 인적 자원이 모여서 일을 하게 된다. 그러기 위해서는 가장 중요한 것이 상호간의 소통과 상호 동기화된 업무를 통해 서로 밀어주고 당겨 주는 지원체계, 협업체계를 구성해야 한다. 이것을 하나로 과정관리하는 체계로 구성하고 체계화하여 프로젝트 시작부터 실행을 해 나가면서 업무를 과정관리해야 한다.

그래야 팀원들도 하나의 구심체적인 소통과 대화의 장을 통해 일을 하다 보면 문제점과 지원받을 사항을 이야기 할 수 있으며 이를 통해 문제 해결을 지원받을 수 있는 공식

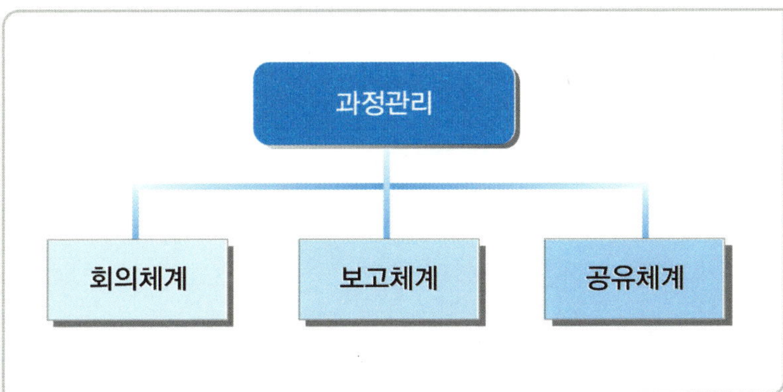

그림 20 과정관리의 3대 체계 구성 요소

적인 채널을 형성해 주는 것이다.

프로젝트 리더는 또한, 이러한 과정관리 체계를 기획, 운영하면서 잘하고 있는 사례나 칭찬할 만한 내용, 지도나 지원을 해 주어야 할 사항들을 사전에 파악하고 조치해 줌으로써 프로젝트 업무를 실행해 나가는 데 장애 요인이 없도록 제거하는 일을 해 나가야 한다. 과정관리의 체계에는 회의체계, 보고체계, 공유체계 등으로 정의한다.

회의체계는 일일회의, 주간회의 월간회의 등으로 구분하여 정의하고 그 시간과 장소, 참여 인원들은 상황에 따라 참여를 시킨다. 회의는 필요한 시기에, 필요한 시간 안에, 필요한 사람들이 모여서 하는 것을 원칙으로 한다. 불필요한 회의를 통해 비생산적인 것은 배제해야 한다. 필요한 시기(Timing), 시간(Time), 사람(People)의 3요소에 맞추어 실행하는 것이 워크 스마트이다.

한 번 시작된 회의에 의해 내일의 액션 아이템이 생기고 추진되기 때문에 프로젝트 시작과 동시에 회의체계를 구성해야 한다. 회의는 필요 악(惡)이 될 수 있다. 회의는 리더에 의해 주관되고 팀원들도 각자 액션 아이템과 관련한 이해관계자들과 작은 소회의를 케스케이드(Cascade) 방식으로 추진하게 되는데 꼭 필요한 회의만을 실시하여 실행관점에 무게중심을 두는 것을 원칙으로 한다.

회의체계의 목적은 팀원들의 과정관리 공유와 점검 그리

고 리더의 지도와 지원, 해야 할 업무에 대한 협업의 상호 협력관계 형성 등이다. 이러한 회의는 종류에 따라 기본적으로 정기회의와 수시회의로 나눌 수 있으며 정기회의는 시기에 따라 일일, 주간, 월간회의 등으로 나누어지며, 수시회의는 필요 상황에 따라 임시로 주관자에 의해 간단히 회의하는 것을 말한다.

프로젝트의 생애주기에 따라 회의의 주기나 횟수도 같이 변동되어 움직이게 된다. 대체로 프로젝트 시작 초기에 주기나 횟수가 많고 안정되게 되면 줄어들다가 다시 프로젝트 종료시점에는 증가되는 경우가 있다.

유능한 리더는 이러한 회의의 목적과 활용에 대해 퍼실리테이팅(Facilitating)적 자세를 취하고 있다. 이것은 서로 촉진시켜 주어 프로젝트 수행의 에너지를 상승시켜 주고 팀원들의 상호관계성과 성장성을 중요시하는 자세이다. 리더가 회의를 하며 지시 일변도나 혼자만의 독주적인 자세는 극히 지향되어야 할 사항이다.

일일회의하는 방법은 주로 어제 한 일과 금일 진행할 일, 예상되는 문제점, 지원받아야 할 사항 등을 돌아가면서 간략히 돌아가면서 이야기 한다. 이 때 리더는 중요 포인트를 기록하고 정리하여 요점화하고 지도나 지원 그리고 방법적으로 부족한 사항에 대한 지원체계를 마련해 주어야 한다.

주간회의는 금주 한 업무, 차주 할 일에 대한 정리와 추진되어야 할 사항 중심으로 담당자, 납기 중심으로 정리하게 되며 전체 일정상 과정관리가 잘되고 있는지의 여부도 점검하여 정리하게 된다. 이와 마찬가지로 일정이 긴 프로젝트는 월간별(別)로 회의를 통해 금월, 차월 순(順)으로 주간회의와 같은 방향으로 정리해 나가면 된다.

일일회의는 팀원 중에 한 명을 지정하여 프로젝트 시작부터 종료 때까지 꾸준히 정리, 파일관리를 하도록 하여 프로젝트 과정관리를 해 나간다. 이러한 회의체계는 배포처를 정하게 되는데 이것은 공유체계와 연동되어 정의된다. 1차 배포처는 프로젝트 팀원이며 이해관계자 중심으로 공유하게 된다. 공유시점은 회의록을 별도 작성하지 말고 회의를 하면 그 자리에서 요점사항 중심으로 회의록 담당자가 바로 작성하여 회의 종료와 더불어 공유하고 배포하는 것이 키 포인트이다.

별도의 시간을 할애하여 정리한다는 것은 비효율적이며 그럴만한 내용도 사실은 없다. 중요사항과 결정 내용만을 정리하는 것이기 때문에 많은 시간을 두고 투자할 필요가 없다는 것이다. 송부할 때도 필요 양식을 표준화해 놓고 간단한 이메일로 전송하게 되면 빠른 시간 내에 추진해야 할 사항에 대해 공유가 가능하다. 본질과 목적에 맞는 효과적인 활동이 프로젝트이다. 다음 [그림 21]은 일일회의에 대한 회의록 사례이다.

<table>
<tr><th colspan="8">회 의 록</th></tr>
<tr><td>회의일자</td><td>2019.09.06</td><td>고객사/부서</td><td>상생협력실</td><td>작성부서</td><td>인사부서</td><td>작성자</td><td>홍승기</td></tr>
<tr><td rowspan="2">참 석 자</td><td colspan="7">당사 - 김기수 부장, 김창훈 부장, 서명수 차장, 강진숙 차장</td></tr>
<tr><td colspan="7">컨설턴트 - 미미수 박사, 박미숙 박사</td></tr>
<tr><td>장 소</td><td colspan="7">4층 회의실</td></tr>
<tr><td>주 제</td><td colspan="7">19년도 HRD역량강화 프로젝트</td></tr>
<tr><td>목 적</td><td colspan="7">횡전개 작성 팀 2차 Review 및 지도</td></tr>
<tr><td>회의 목표시간</td><td colspan="3">2019.09.06(금) 13:30 ~ 15:00</td><td>실제회의진행시간</td><td colspan="3">2019.09.06(금) 13:30 ~ 15:00</td></tr>
<tr><td colspan="4">회의 목적 달성여부 : ■목적달성 , □목적 미달성, □ 모호</td><td colspan="4">차기회의 소집일자 : 2019.09.09(월) 15:00 ~</td></tr>
<tr><th colspan="6">내 용</th><th>~준수기간</th><th>책임자</th></tr>
<tr><td colspan="6">1. CS직무 핵심역량지표 및 세부과정 Review</td><td></td><td></td></tr>
<tr><td colspan="6">- 기반역량이 핵심역량에 포함된 것 같아 재조정 요청</td><td></td><td></td></tr>
<tr><td colspan="6">- 핵심역량 부분 추가사항 점검</td><td></td><td></td></tr>
<tr><td colspan="6">- Guide Book 작성하여 차주 화요일(9월 10일 3차 Review)</td><td></td><td></td></tr>
<tr><td colspan="6">2. 고객직무 핵심역량지표 Review</td><td></td><td></td></tr>
<tr><td colspan="6">- 직무를 펼쳐 놓아 정리가 필요함</td><td></td><td></td></tr>
<tr><td colspan="6">- CS직무에 편성</td><td></td><td></td></tr>
<tr><td colspan="6">- CS직무 담당자들과 CS직무정의 논의하여 정립할 것</td><td></td><td></td></tr>
<tr><td colspan="6">- Guide Book 작성하여 차주 화요일(9월 10일 3차 Review)</td><td></td><td></td></tr>
<tr><td colspan="6">3. 품질직무 핵심역량지표 Review</td><td></td><td></td></tr>
<tr><td colspan="6">- 전체 사항 다시 한번 확인하고 정리</td><td></td><td></td></tr>
<tr><td colspan="6">- Guide Book 작성하여 차주 화요일(9월 10일 3차 Review)</td><td></td><td></td></tr>
<tr><td colspan="6">* 제조직무는 참석을 안했지만 횡전개 팀들과 같이 Review가 될 수 있도록 안내</td><td></td><td></td></tr>
<tr><td colspan="6">4. 현 진도율에 대한 정리(직무 / 필요역량Master / 가이드북 / 표준 / 교보재 사항)</td><td></td><td></td></tr>
<tr><td colspan="6">5. 차후일정 논의</td><td></td><td></td></tr>
<tr><td colspan="6">- Kick-Off 미팅 : 9월 9일(월), 15시00분~</td><td></td><td></td></tr>
<tr><td colspan="6">- 횡전개 직무 3차 Review : 9월 10일(화), 13시30분~</td><td></td><td></td></tr>
</table>

그림 21 프로젝트 초기의 일일 회의록

보고체계는 상·하, 좌·우 프로젝트와 관계된 이해관계자(Stakeholder) 공유와 더불어 상급자에게 프로젝트의 진행 사항을 보고하는 수명과 조언을 얻기 위한 방법이다. 그러한 관점에서 회의체계를 통한 회의록을 통해 보고를 하고 중요한 것은 구두보고, 서면보고를 통해 일을 하는 데 있어 추진하는 파워를 주어야 한다.

공유체계는 이러한 회의체계와 보고체계를 병행하여 관계되는 사항에 대해 상호 공유할 수 있도록 정보의 관계망, 의사결정의 관계망을 명확히 하고 전하는 것이다.

6 상대비교와 절대비교의 관점이해

프로젝트는 프로젝트 생애주기에 따라 과정관리를 해 나가다 보면 비교라는 방법을 활용해서 프로젝트의 추진의 성과를 측정하거나 팀원들을 독려하도록 한다.

건전한 경쟁의 분위기를 형성해서 프로젝트 추진의 스피드와 질적 상향 고도화를 꾀하는 것은 성공적인 성과를 내기 위한 리더의 기능과 역할이다. 비교에는 두 가지 방법이 있다.

첫째, 상대비교이다.

상대비교는 모집단의 대상들 간에 상호비교를 해서 서로

자신의 현재 상태를 알고 점검하며 상황을 더욱 더 촉진하도록 하는 방법이며, 우수한 팀은 포상이나 칭찬, 게시, 표창, 시상 등의 방법으로 동기부여해 나간다.

상대비교의 심리는 남보다 더 잘해야 하겠다는 것을 눈으로 보여 주고 자각함으로써 비교우위의 경쟁을 할 수 있도록 하는 것이다. 다음의 [그림 22]는 상대비교를 나타낸 도해도이다.

상대비교의 도해도에서 보면 A가 잘 하는 것이고 D가 가장 부족함을 한 눈으로 알 수 있다. 만약에 같은 항목에 대해 부서 간의 상대비교라면 A부서가 1등이며 D부서가

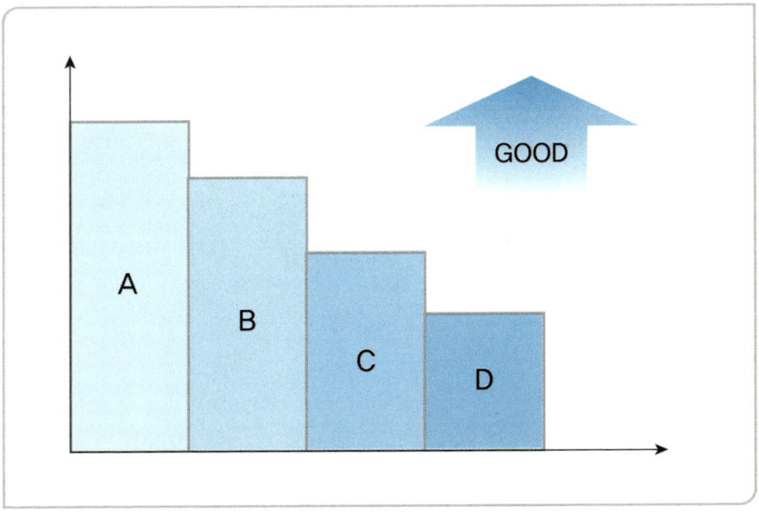

그림 22 상대비교 도해도

부족한 부서로 나타난다. 순위를 정할 수 있어 비교우위를 알 수 있어 진단이 가능함을 알려준다.

둘째, 절대비교이다.

절대비교는 기준값을 정해 놓고 그 이상인지, 이하인지를 따져 우열을 가르거나 잘하는지 못하는지를 알 수 있도록 하는 것이다.

절대비교는 얼마간의 기간 동안 상대비교를 실시한 후 선의의 경쟁을 유도하고 과정관리의 진도를 체크하며 잘하는지 못하는지를 서로 비교하며 알 수 있도록 하는 데 있다.

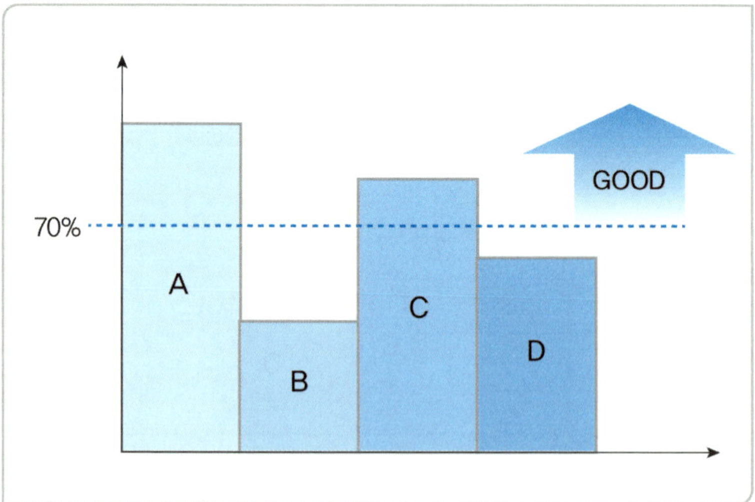

그림 23 절대비교 도해도

상대비교를 일정기간 활용하여 전 항목 이 상향평준화가 되면 절대기준값을 정해 놓고 상향 고도화 정책을 쓰는 것이 중요하다. 이것을 통해 상향평준화에서 상향고도화로 선순환의 방향을 유지, 개선해서 추진할 수 있다.

일반적인 프로젝트나 T/F를 추진하고자 할 때 프로젝트 리더는 이러한 관점에서 비교에 대한 도구를 활용하여 팀을 전체적으로 활성화시키는 노력을 해야 한다.

절대비교에서는 70% 이상이면 일단 요구되는 수준을 만족하는 정도와 더불어 70% 이하인 미달 상태의 부서도 알 수 있다. 가장 잘 하는 부서는 A이고 가장 부족한 부서는 B이며 요구 수준인 70%를 만족하는 부서는 A와 C 부서이다.

7 프로젝트 기반의 학습조직화 이해

일하면서 성장과 성과를 이루어 내기 위해서는 학습조직화의 개념과 더불어 이를 프로젝트 실무에서 활용할 줄 알아야 한다. 특히, 프로젝트 리더의 가장 중요한 역할 중의 하나가 바로 일을 통해서 부하사원들을 성장시키고 성과를 내도록 지원해 주는 것이다.

일과 성장, 성과로 연계되는 것은 WLP이론이다. 일(Work)

－학습(Learning)－성장, 성과(Performance)가 동시에 일어나도록 하는 것이 바로 학습조직이다. 개인과 조직의 학습 역량을 확대시킴으로써 성장과 성과를 확대시켜 나간다는 것이다.

최근 들어 이러한 학습조직은 집단지성과 맞물려 중요한 문제 해결과 창의로운 생각을 발현하고자 할 때 중요한 의미를 가지고 있다. 학습조직을 구성하는 데는 리더의 학습과 지도, 지원이 가장 중요하며, 일 자체가 학습과 연계되어 성장과 성과를 발현시킨다는 의지를 가지고 있어야 한다.

리더는 부하사원의 성장욕구가 크게 작용하고 그에 따라 문제 해결을 촉진하고 팀원들의 다양한 생각들을 수용하고 지원하면서 일을 추진해 나간다.

그러기 위해서는 리더는 부하사원과의 소통과 대화 그리고 자율과 소통이라는 소프트한 업무 분위기를 만들고 일을 추진해야 한다. 개인이 가지고 있는 지식과 경험을 모아서 활용하고 확대 재생산하고자 할 때 학습조직은 유용하며 이것을 통해 리더는 문제 해결과 더불어 창의적인 아이디어를 통해 새로운 업무에 도전할 수 있다.

일을 통해서 학습을 하고 성장, 성과를 내기 때문에 그 일을 하는 현장에서, 즉시적으로 소통과 대화를 통해 일을 추진해 나가는 것이 중요하며, 이를 통해 서로 문제의 인식과 더불어 해결하고자 하는 자율적이고 주도적이며 창의적인 발현이 가능하다.

그리고 이러한 것을 통해 팀원으로부터 문제를 해결하고자 하는 추진력, 좋은 생각과 아이디어에 대한 창의력, 그리고 이것을 내적 동기에 의한 실행을 할 수 있는 열정을 불러낼 수 있는 유일한 방법이기도 하다. 학습조직은 개인과 조직의 학습역량을 확대시켜 좋은 생각과 아이디어를 활용하여 창의적 문제해결을 촉진하기 위해 자율적, 주도적, 창의적으로 실행하는 학습의 공동체로 정의한다.(2011, 이경환)

진화된 또 하나의 방법론인 교수조직은 학습조직에서 진화한 조직으로 서로 가르치고 학습하는 학습과 교수의 공동체라고 할 수 있다. 서로 교수할 수 있다는 것은 그만큼 역량이 있다는 것이고 그것을 일에 있어서 문제 해결의 방법으로 활용한다면 효과적일 것이다.

교육학자 '실버맨'에 의하면 진정으로 안다는 것은 가르쳐 봐야 한다는 것이다. Learning by Teaching. 가르치는 것에 의한 학습이 일을 하면서 상호작용을 통해 만들어 나간다면 좋은 성과와 결과가 나오게 될 것이다.

또한 가르친 다는 것은 두 번 배우는 효과가 있다. $T = L^2$ 으로 Teaching = Learning × Learning 이다. 가르치면서 더욱더 세밀한 부분까지 모르는 부분에 대해 인지하고 그것을 다시 학습하는 기회로 삼기 때문이다. 또한, 가르치는 대상인 교육생들에게 다시 배울 수 있는 시간과 공간을 확보하고, 또한 학습의 기회로 삼을 수 있기 때문이다.

프로젝트 리더는 프로젝트원의 성장과 성과를 만들어 내기 위해서 서로 배우고 가르치는 열린 조직의 형태의 분위기를 조성하고 촉진하기 위해 노력해야 한다. 그러기 위해서는 리더로서 조직의 형태와 조직이론 등을 알고 실행을 통한 실제적인 경험을 통해 성장과 성과를 만들어 내야 한다.

주로 요즈음은 소통이나 토론 그리고 창의적 아이디어 발산과 수렴, 도구들이 많이 나와 있어 스킬을 배우고 활용하는 것이 무엇보다도 중요하다고 볼 수 있다.

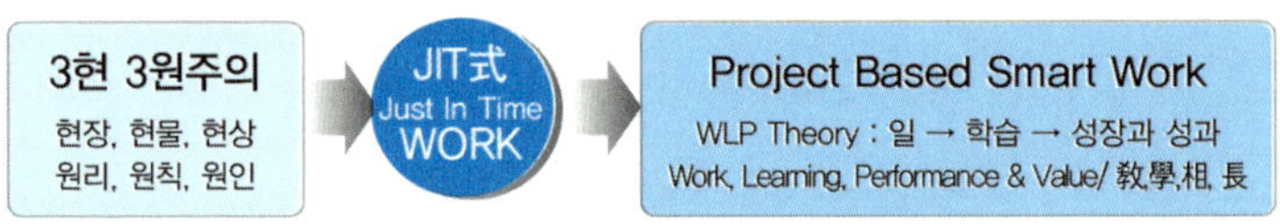

- 프로젝트 기반의 일하는 방식과 방법은 낭비적인 일을 배제하고 가치 있는 일을 선택하여 성장과 성과의 시너지를 극대화하는 것
- 프로젝트 리더는 이러한 업무에 대한 분위기와 방향, 그리고 지원과 지도를 해 주어야 한다.
- 그 방법으로는 현장중심에서 일을 하며, 필요한 사람에게, 필요한 정보의 필요한 니즈를 정확히 일 중심에서 지도하는 것, 상호 가르치고 배우게 하는 학습조직을 구성하는 것

궁극적으로 "일과 학습 그리고 성장과 성과"를 가치 있게 만들어 내는 것

그림 24 프로젝트 기반의 학습 조직화

8 문제를 파악하고 실행하기 위한 니즈(Needs) 조사방법

무슨 일을 하든지 고객에 대한 니즈(Needs)를 정확히 파악하고 정의하는 것은 성과 있는 일을 하기 위해서 가장 중요하며 기본적인 현상 파악의 추진항목에 해당된다. 그래서 니즈 조사 및 분석은 성과 지향적인 일의 기본이다. 가치를 만들어 내는 일을 추진하기 위해서는 고객의 니즈를 정확하게 조사하고 결과를 분석하는 것이 선행되어야 한다.

체계적인 니즈 조사방법과 실행은 프로젝트를 성공적으로 이끌어 내기 위한 첫 걸음이며 중요한 핵심 키워드를 찾아내는 열쇠이다. 현장에서 일을 한다는 것은 문제를 파악하고 참 원인을 찾아내어 대책을 수립해 나가는 것이다.

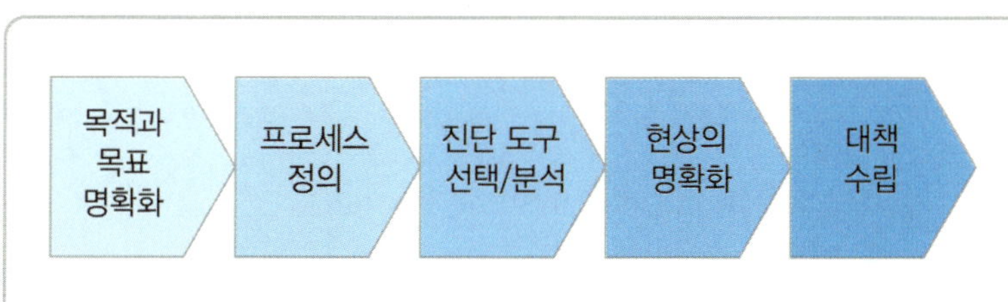

그림 25 니즈 파악의 5단계 절차

첫째, 니즈 조사에 대한 목적과 목표를 명확히 한다.

둘째, 프로세스의 절차를 명확히 하여 프로젝트 원들의 역할을 알려 준다. 이것은 실제 실행하는 프로젝트 원들의 행동방향과 수준을 상향 고도화하여 일을 추진하는 파워를 준다.

셋째, 설문서에 대한 양식과 질문을 표준화하여 개인 간의 산포를 줄인다.

넷째, 분석을 통해서 현상을 명확히 하여 기록으로 정리한다.

다섯째, 기록으로 정리된 형식지에서 대책 수립(안)을 기획한다.

이러한 방법론을 중심으로 실 과정개발을 위한 프로젝트 관점에서의 사례를 보면 다음과 같다.

교육과정 개발을 위해서는 여러 가지 개발방법론을 통해서 실시하는 데 대표적인 모델로는 세 가지가 있다. 이러한 교육과정 개발모델이란 교육프로그램을 개발하기 위한 분석틀과 프로세스를 모델화한 것이다.

첫째, ISD(Instructional System Design)

둘째, DACUM(Developing a Curriculum)

셋째, CBC(Competency Based Curriculum)

하나의 직무에 따른 교육은

① 교육체계(Curriculum ○○기업 교육체계)
② 하위 교육체계(Sub Curriculum, 계층별, 직무별)
③ 교육과정(Course, Expert 과정, 리더십 과정)
④ 교과목(Module, 변화와 혁신, 부하 육성)
⑤ 단원(Lesson, 변화에의 도전, 변화관리의 효과적 추진)으로 구성되어 있다.

다음은 이러한 교육체계와 더불어 직무와의 연관도를 [그림 26]으로 나타낸 것이다.

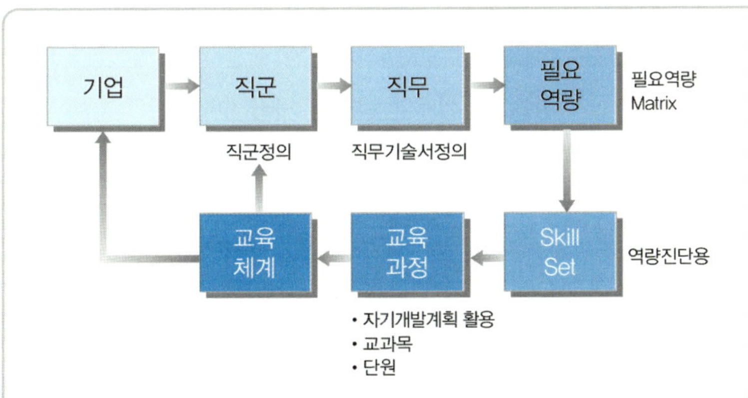

그림 26 직무역량 모델링에 의한 연관도

방법론	주요 내용
ISD	ADDIE Model, VOB, VOC, SME의 니즈 수렴 후 교육 과정 설계, 교육체계 개발에 적당 • ADDIE : Analysis, Design, Development, Implement, Evaluation • VOB : Voice of Business • VOC : Voice of Customer • SME : Subject Matter Expect
DACUM	직무분석 후 필요역량, K,S,A 도출(ADDIE모델 연계) 필요역량에 따른 교육체계 개발에 적당 • K : Knowledge • S : Skill • A : Attitude • ADDIE : Analysis, Design, Development, Implement, Evaluation
CBC	선택된 역량을 분석하여 K,S,A도출, 단위 과정개발 용이 전문가, 관리자, 리더십, 변화 교육 등

그림 27 교육과정 개발 모델

DACUM(Developing a Curriculum)기법에 의한 니즈 조사를 위한 도구로서는 다음과 같다.

이러한 방법을 VOB, VOC, SME에 대해 서면, FGI, 온라인 설문 등을 통해 니즈를 수렴하고 현상을 명확히 한다. 다음 [그림 28]은 교육니즈 수렴에 관한 방법과 도구를 정리한 것이다.

방 법	도 구
객관적 자료	경영이념, 경영계획, 직무분석
행동자료	관찰자료, 면담, 대화자료, 회의록
논리분석자료	설문서, 시험, 리포트
통계분석자료	인사평가, 인사기록, 자기신고서

그림 28 교육니즈 수렴에 관한 방법과 도구

SW직군 교육과정 개발 프로젝트에서 실제로 니즈분석을 실시한 방법은 다음과 같다.

DACUM기법에 의해서는 SW직군의 직무를 정의하고 그 직무에 따른 직무 기술서 정의, 직무에 대한 핵심 필요역량을 정의하고 역량에 따른 필요 요구역량의 세분화된 K, S, A를 정의하게 된다. 이렇게 정의된 K, S, A는 계층별 즉 사원, 선임, 책임, 수석의 직급별로 역량을 구분하여 역량의 수준을 정리해 나갈 수 있다.

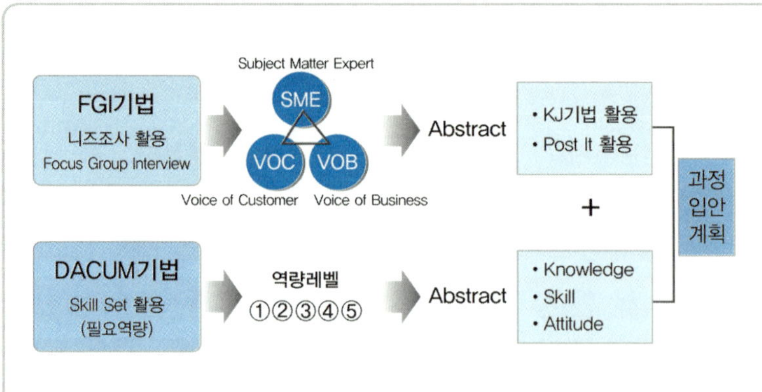

그림 29 SW직군 교육과정 개발 입안 니즈 조사 분석 프로세스

FGI를 통한 설문 기법에서 우리는 원하는 현장의 니즈를 충분히 얻어 낼 수 있다. 이것은 크게 3대 축으로 분리하여 실행할 수 있다.

첫째, 그 직무에 대해 제일 잘 알고 있는 내용 전문가를 대상으로 인터뷰, 설문서, 관련 자료 등을 통해 니즈분석을 실시할 수 있다.(SME 대상)

둘째, 실제 대상이 되는 고객을 선택하여 가장 우수한 성과자들을 중심으로 니즈를 분석하여 실시한다.(VOC 대상)

셋째, 경영진을 대상으로 인터뷰나 온라인 설문방식으로 니즈를 수렴하고 분석한다.(VOB 대상)

전사교육체계 VOB 조사

아래와 같이 경영진의 전사교육체계 관련 니즈를 통해 프로젝트에 반영하고자 합니다.

1. 기간 : 3일간
2. 대상 : 대표이사, 사장, 인사팀장, 기획팀장
3. 인터뷰어 : 프로젝트 PM
3. 설문항목 : 아래 4항목

---

1. 경영진의 당부 사항?

2. 사업을 하는데 가장 중요한 난제?

3. 핵심기술 양성 전략은?

4. 신입교육에서 가장 중요하게 다루어야 할 사항?

그림 30 설문서 양식

이러한 방법으로 니즈에 대해 수렴을 하게 되면 과정개발에 대한 전략을 수립할 수 있으며 동일한 과정들이 복합적으로 되어 있거나 고객 맞춤형으로 가치 있는 과정을 개발하고자 할 때 다음과 같은 방법으로 차별화하여 추진할 수 있다.

NO	차별화 포인트	도해도
1	각론 합체형	(A) + (B) + (C) → (A+B+C) 여러 개의 과정, 모듈을 합하여 하나의 과정으로 개발하는 방법
2	사례 변화형	→ A′ → → A″, B …… 사례, 실습 A′를 사례, 실습 A″나 B 등 맞춤형으로 전환하는 방법
3	콘텐츠 복합형	(HW) + (SW) → (HW SW) 상반되거나 대등한 콘텐츠를 합하여 복합형으로 구성하는 방법
4	특화형	(H) 니즈 분석에 따른 완전한 새로운 콘텐츠의 과정개발 방법

그림 31 과정개발 설계 시 차별화 포인트

니즈를 수렴할 때는 다음과 같은 3가지 방법을 활용할 수 있다.

첫째, 인터뷰 기법이다. 이것은 니즈를 잘 설명해 줄 수 있는 대상자를 선정하여 미리 정해진 질문에 의해 니즈를 파악하는 방법으로 실의서는 사전에 배포하여 생각할 수 있는 여유를 주는 것이 좋다.

둘째, 워크샵을 활용한 방법으로 니즈를 파악할 때 직무 내용 전문가를 모집단하여 일정한 시간과 공간을 제공하고 니즈를 추출해 내는 방식으로 집중도가 높고 알찬 자료가 나올 수 있다. 그러나 일부 편향된 인원이 있을 때는 그에 따라 영향을 받을 수 있다.

셋째, 설문조사 방법으로 미리 작성된 설문지를 온라인을 활용하거나 서면 질의를 통해 니즈를 파악하는 방법을 말한다.

프로젝트 리더는 과제의 상황과 팀원들의 성향을 반영하여 적절하게 상기 3가지 방법을 활용할 줄 알아야 하며 그래서 프로젝트에서 원하는 산출물을 만들어 낼 수 있다.

9 프로젝트 리더의 정의

프로젝트 리더는 정해진 납기 내에 요구되는 목표를 완성하기 위해 최선의 노력과 산출물 관리를 해야 한다. 중요한 것은 팀원들과 함께 추진을 해야 한다는 것이다.

결국에는 팀원들을 통해서 가치 있는 일을 만들어 내는 것이고 그것을 통해 일 속에서 팀원들을 성장시키고 성과를 만들어 낼 수 있도록 방향과 지원을 해 주어야 한다.

결국에는 프로젝트, T/F를 한다고 하는 것은 프로젝트 리더(PM, PL)의 역량과 추진 방법에 대한 실무적 감각에 의해 성과인 산출물의 양과 질이 크게 차이가 난다.

특히, 인적자원인 팀원들의 성장을 촉진시켜 주는 데는 리더의 세밀한 조직관리, 업무관리, 인원관리, 변화관리, 커뮤니케이션, 직무에 대한 지식과 경험에 대한 이해 등의 활용 기술과 조정과 중재, 소통과 대화의 기술 등을 필요로 하게 된다. 이러한 것들이 프로젝트 리더의 핵심 역량이며 일을 통해서 학습하며 경험할 수 있다.

프로젝트 리더는 추진력과 문제해결력을 요구받게 되며 팀원들의 사소하지만 세부적인 지도와 지원 역량을 통해 납기 내 산출물 관리를 해야 한다. 프로젝트의 산출물은 Q, C, D이다. 좋은 품질(Quality), 낮은 원가(Cost), 빠르고 적정한 납기(Delivery)이다.

이것은 정량적인 프로젝트 리더의 성과이다. 또한, 정성적인 성과로는 팀원들의 사기와 동기부여, 성장, 학습, 문제해결 역량의 향상, 성취감 등 측정되지 않지만 프로젝트라는 일을 통해서 얻어지는 좋은 인재 양성의 틀과 프로세스를 제공한다는 관점에서 리더의 중요성이 부각되어야 한다.

프로젝트 리더는 팀원을 통해 성장과 성과를 만들어 내는 가치 창출자이다.

그래서 프로젝트 리더는 팀원들보다 한 걸음 앞선 생각과 실행, 솔선수범이 중요하며 지식과 경험을 통해 지도하고 지원할 수 있는 역량을 갖추어야 한다.

10 프로젝트 리더의 3지주의 원리

프로젝트 리더가 팀원들을 가르치고 학습시키며 업무를 이끌어 가기 위해서는 여러 가지 방법이 있다. 수준 낮은 방법에서부터 진정성 있는 리더는 팀원들의 일을 통한 성장에 초점을 맞추어 주고 업무 단위 하나하나에서 많은 학습과 성장이 이루어 나가도록 조직화하고 기획하여 프로젝트를 추진한다. 이러한 방법론을 **"지시, 지도, 지원"**의 3지주의라고 한다. 다음의 도표는 3지주의의 특성을 나타낸 것이다.

방 법	주요 내용
지시(指示)	권한
지도(指導)	권한 + 역량
지원(支援)	권한 + 역량 + 애정과 관심

그림 32 프로젝트 리더의 3지주의 특징

프로젝트 가장 바람직한 팀원과의 관계성은 "지시<지도<지원" 수준이다.

첫째, 지시(指示)는 그야말로 누구나 권한만 주어지면 할 수 있는 통제의 한 수단이다. 준비되지 않은 리더나 관리자에서 나오는 것으로 팀원들과의 의사소통 방식에서 가장 낮은 수준으로 일방적이고 권위적인 요소를 포함하고 있다.

지시는 간단히 팀원들에게 업무의 분장이나 분할에 관한 것과 납기 등만을 요구하는 경우가 많으며, 팀원들에게 배경이나 목적 그리고 충분한 업무의 추진을 위해 인프라나 지원적 요소가 결여되어 있을 수 있다.

둘째, 지도(指導)는 리더의 권한과 더불어 업무에 대한 충분한 지식과 경험을 바탕으로 세부적 사항을 전달받을 수 있으며, 일방적인 통행이 아니라 쌍방통행이 가능하며 이를 통해 소통과 대화, 자율과 책임부여, 팀원들의 창의와 혁신적인 일에 대한 마인드를 불러 낼 수 있다. 지도를 하기 위해서 우선하는 것이 리더의 지식수준과 경험적 일에 대한 깊이가 있어야 하며, 팀원에 대한 관심과 인간애에 대한 깊은 관심을 가지고 있어야 한다.

셋째, 지원(支援)은 권한, 역량과 더불어 팀원에 대한 애정과 관심을 통하여 좀 더 깊은 신뢰와 더불어 팀원을 양성하고 지원하며 일을 추진하는 데 있어 항상 지원하는 마음이 지속 가능한 관계성을 유지하도록 하는 방법이다. 팀원들은 리더로부터 스폰서를 받고 지원을 받는다고 생각하면 일을 추진하는 데 큰 어려움 없이 추진하면서 성장과 더불어 성과를 잘 이끌어 낼 수 있다.

진정성 있는 일을 부하, 상사 간에 할 수 있는 것은 이러한 상사, 리더의 지원하는 자세가 매우 중요한 요소가 되며 리더가 갖추어야 할 매우 중요한 핵심 역량이기도 하다. 진정한 팀원들의 존경심과 로열티를 확보하기 위해서 관리자, 리더의 지도, 지원하는 자세와 그것을 하기 위한 노력과 열정 즉, 리더십이 필요하다.

준비된 리더는 자신의 부족한 부분을 팀원들에게 돌리지

않는다. 자신의 부족함을 채우고 노력해서 솔선수범하고 업무의 앞에서 끌어 주고 뒤에서 밀어 준다. 이것이 바로 지도와 지원의 리더십이다.

11 프로젝트 팀원 성장의 성공요소 3가지 요인

프로젝트 리더는 팀원의 성장을 위해 다음의 세 가지 역할을 인식하고 지원하며 성장을 위해 꾸준히 관심과 애정을 가지고 양성의 목적을 지켜 나가야 한다.

첫째, 맨토 역할을 해 주는 것이다.

팀원들은 일을 통해서 성장하는 데는 한계성이 있다. 이것은 개개인의 성숙도, 지식 콘텐츠, 경험의 한계성을 가지고 있다. 인생에 있어서 좋은 선생님, 스승, 멘토, 전문가 등과 교류하고 만나는 일은 수많은 분야를 넘나들어야 하는 통섭(Consilience)의 시대에서도 중요한 부분이다.

남자이든 여자이든, 학생이든 성인이든, 초보이든 전문가이든 자기 주위에 스승이 있다는 것은 매우 안정된 일과 삶을 살아나갈 수 있는 근원을 준다.

교학상장(教學相長)이란 서로 가르치고 배우는 관계성에서 서로 성장한다는 것이다. 이것은 집단지성(Collective

Intelligence), 그룹 지니어스(Group Genius)를 촉진시켜 수많은 Hidea(High Quality Idea)의 생각과 아이디어를 만들어 낼 수 있다.

팀원들 주위에 얼마나 많은 멘토가 있느냐가 그 사람의 NQ(Network Quotient) 네트워크 지수이다. 가능한 많은 멘토, 전문가들과 인적 네트워크를 할 수 있도록 부서 간, 담당자 간, 인적 교류에 힘을 기울여 주어야 하는 이유가 여기에 있다. 프로젝트 팀원들은 자신의 업무를 완수하기 위해 인적자원, 정보, 인프라 등의 지원을 받아야 가치 있는 성과를 만들어 낼 수 있다.

프로젝트는 수직적이고 권위주의적으로 일을 추진하는 것은 아니다. 미리 계획되고 실행되며 점검과 더불어 통합적 관리를 해야 하는 독특한 업무의 특성이다. 수평적이며 소통과 대화를 통해 충분히 원하는 성장과 성과를 만들어 낼 수 있으며 가치 있는 일을 통해 워크 스마트의 실현이 가능하다.

둘째, 1만 시간의 시간적인 원리이다.

팀원들이 성장을 하는 데 있어 시간의 개념은 무척 중요하다. 시간은 유한하다. 인간은 모두 24시간, 1440분, 8만 6400초의 정해진 시간의 양과 유한한 삶을 살아가기 때문이다. 말콤 글레드웰의 『Outlier』에서 그는 1만 시간이 평범한 사람에서 전문가 영역으로 이동하는 시간을 말하고 있다.

모든 전문가 영역에서 활동하여 역사의 한 획을 만들어 낸 과학자, 철학자, 음악가, 예술가, 산업계의 모든 저명인사들을 분석해 보면 그들의 성공적 티핑 포인트(Tipping Point)는 1만 시간이 흐른 이후에 명작과 달인의 경지가 나온다는 것이다.

1만 시간은 하루 3시간 10년의 시간이다. 하루 8시간 기준으로 하면 약 3년 6개월의 시간적 개념이다. 10년이면 3가지의 전문가 영역까지 끌어 올릴 수 있는 시간이기도 하다. 자신의 숙명적인 키워드를 만나 1만 시간의 시간에 대한 투자를 통해 전문가의 영역으로 변화와 혁신이 필요하다.

프로젝트는 단기적인 T/F도 있을 것이고 중장기적인 프로젝트도 있을 것이다. 중요한 것은 리더가 시간의 납기 속에서 팀원 등에게 일을 나누고 지도, 지원하면서 항시 생각해야 할 것은 바로 부하육성의 마음이다. 중요한 것은 이를 위해 시간의 투자가 필요하며 일을 통해서, 일 속에서도 지도, 지원하면서 키워 주어야 한다는 것이다.

셋째, 내적 동기부여이다.

프로젝트에서 업무와 일을 추진하기 위해서는 도전을 해야 한다. 그러기 위해서는 명확하게 자신의 사명과 비전을 통해 노력을 꾸준히 지속 가능한 상태로 유지하는 것이 중요하다. 그러기 위해서는 타율적인 행동에 의해서는 결코 성공적인 일과 삶을 만들어 낼 수 없다. 자율적이고 주도적이며 창의적으로 스스로 생각하고 행동해야 한다. 그러기 위해서는 풍선이 빵빵하게 되어 있듯 자기 자신을 동기 부여하는 내적 힘을 길러야 한다. 이러한 것을 하기 위해서는 명확한 비전과 사명 그리고 계획과 실행이 뒷받침되어야 한다.

VMGPDS(Vision, Mission, Goal, Plan, Do, See) Cycle의 선순환을 돌려야 한다. 또한, 좋은 네트워크, 독서, 여행, 새로운 경험 등의 도전 정신이 중요하다. 창조적 혁신인의 특징 중 하나는 도전 정신이 가능한 인재이다. 할까 말까 할 때는 일단 시작하고 본다.

DID(Do it Done) 정신이 그래서 필요하다.

해보자, 해보자, 해 보고 생각하자.

12 일이란? 개선과 개악의 시나리오

프로젝트는 일에 대한 어느 정도는 예상 납기와 성과를 정해 놓고 추진하는 것이다. 일에 대한 정의는 고객에게 가치를 주는 것으로 정의할 수 있다. 일이란 고객이 원하는 제품과 서비스를 창출하는 가치 있는 활동이다. 이러한 일을 추진하기 위해서는 상향평준화, 상향고도화 방향에 개선과 혁신의 프로세스가 적용되어야 한다.

일은 시작부터 완성의 단계까지 시간축 선상에서 개선과 개선의 지속 가능한 연장선상으로 이루어지도록 하는 것이 중요하다. 다음 [그림 33]은 일에 대한 개선과 혁신을 통해 상향평준화의 개념을 표현한 것이다.

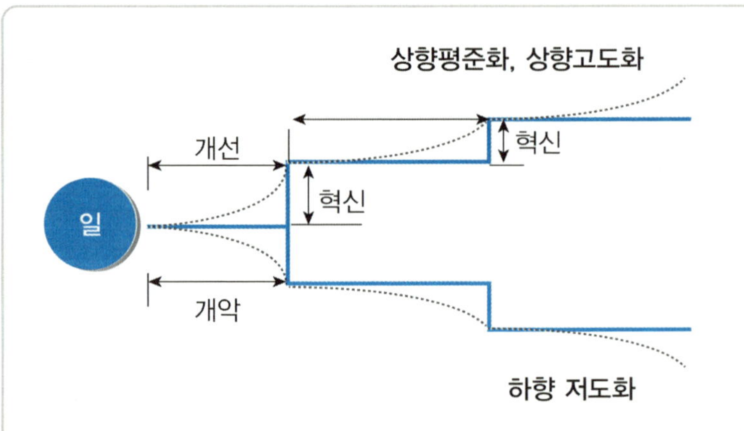

그림 33 일의 상향평준화 프로세스

일에 있어서 상향평준화하기 위해서는 기술적 혁신과 더불어 좋은 생각과 아이디어를 통해 새로운 가치를 만들어 가야 한다. 가치를 창출하기 위한 개념은 워크 스마트와 동일하며 개선과 혁신이 지속 가능한 도전이 매우 중요하다.

일에 대한 가치를 상향평준화, 고도화하기 위해서는 그

림과 같은 일에 대한 추진의 프로세스를 이해하고 실천하는 것이 매우 중요하다. 일을 잘못하여 개악의 프로세스로 간다면 그것은 낭비적이고 비효율적인 상향 저도화로 가게 될 것이다. 일은 또한 0, 1, 2의 원리이다.

일을 하는 데 있어서 0, 1, 2의 원리는 깊이에 따라 일에 대한 가치의 레벨이 다르게 추진된다고 볼 수 있다. 만일, 상사가 부하사원에게 책을 사 준다라는 일을 생각해 보자.

가장 기본적인 0의 수준의 일은 책을 사 주는 것이다. 1의 수준에서 일을 하는 것은 책을 사주고 독후감을 쓰게 하는 것이다. 2의 수준은 책을 사주고 독후감을 쓰게 하고 부서원들과 공유하게 하는 것이다. 3의 수준으로 진화하는 방법은 책을 사주고 독후감을 쓰게 하며 부서원과 공유하고 부서원들의 독후감이 누적되면 책을 발간한다. 이런 식으로 책을 사주는 행동 하나도 가치 있는 일로 진화해 낼 수 있다. 일을 하면서 창의적이고 가치 있는 일로 추진하기 위해서는 이러한 일에 대한 진화의 깊이를 생각하고 지혜를 내야 한다.

개인의 역량은 이러한 지혜를 발현하고 실행하며 가치 있는 일로 진화하여 추진하는 것이 경쟁력이다. 프로젝트 리더는 팀원들의 좋은 생각과 아이디어를 발현시키고 실행할 수 있도록 지원하고 지도하며 스폰서를 해주는 기능과 역할이 매우 중요하다, 일에 대한 품질의 진화는 "기본 품질 → 성능품질 → 매력품질"로 진화할 수 있다. 일을 한다고 하는 것은 아주 작고 사소한 일을 하더라도 이러한 3단 논리의 구조의 틀에서 생각해 보면 좀 더 좋은 아이디어를 일 속에 포함하여 가치를 만들어 나갈 수 있다.

일을 한다는 것은 개선과 개선을 연속적으로 추진하면서 상향평준화, 고도화로 추진해야 한다. 중요한 것은 프로젝트 단위에서 일을 한다는 것은 이해관계자나 고객들에게 가치를 주는 것이다. 가치를 높이는 방법으로 일에 대한 깊이의 원리를 이해하면 한 층 좋은 성과를 만들어 낼 수 있다.

13 New 모델 Learning Platform

Learning Platform은 교육체계와 교육과정, 교육방식, 기획과 운영별로 레벨과 역량진단의 준거별, 직급별로 하나의 표준틀에 의해 단계별로 정리한 것을 말한다. 교육체계의 기준 준거는 역량에 대한 5레벨로 구성을 하고 그 레벨별로 역량의 수준과 직급의 틀에 교육방식 별 교육과정을 표현하고 교육기획과 운영의 수준을 정하게 된다.

교육체계의 표준 역량의 준거표는 다음과 같다.

레벨	등급	역량점수	직급	주요 내용
5	Master	4.5미만	부장 (수석)	글로벌 퇴고수준의 역량 보유
4	Leader	4.5미만 ~ 3.5이상	차장 (책임2)	상위 10% 안에 들 수 있는 탁월한 수준
3	Expert	3.5미만 ~ 2.5이상	과장 (책임1)	해당분야 전문지식과 경험보유
2	Advanced	2.5미만 ~ 2.5이상	대리 (선임)	일상적인 업무에 대한 독자적 수행
1	Basic	1.5미만	사원	기초지식은 있으나 의존적인 업무 수행

그림 34 표준역량 준거표 예시

이것을 직급체계인 사원, 대리, 과장, 차장, 부장 순으로 레벨과 부합되도록 결정한다. 5단계의 레벨은 크게 신입사원 레벨(레벨 1: 필수), 실무 역량 레벨(레벨 2: 선택), 전문가 역량(레벨 3, 4, 5: 선발, 양성)의 레벨로 크게 세 분야로 구성한다. 또한, 교육과정의 비율은 상황에 따라 1:2:7의 비율을 감안하여 정의하여 활용한다. 1:2:7은 10% 온라인 과정, 집합과정 20%(General), OJT 70%(Specific)이다.

다음 [그림 35]와 [그림 36]은 분석직무의 교육체계와 분석직무 역량 준거표를 나타낸다. 이러한 것을 통해 교육체계와 교육과정, 교육방법 및 교육 주관의 기능과 역할을 표현할 수 있다.

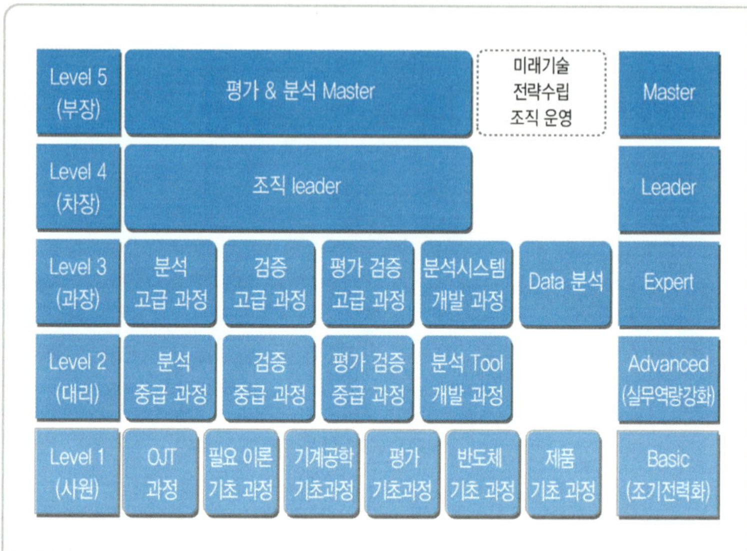

그림 35 분석직무 교육체계 Learning Platform

Level	Point	Position	Description
Master	Over 4.5	부장 (관리 창조)	글로벌 최고 수준의 역량 보유 • 분석업무 절차서 제/개정 가능. • 내/외부 고객 요구 및 시장 환경을 파악하여 전략 수립 • 조직의 효율적 운영 및 인재육성 총괄
Leader	Under 4.5 Over 3.5	차장 (개선)	상위 10%안에 들 수 있는 탁월한 수준 • 조직관리 업무 수행 가능. • 분석 Tool 개발 및 분석 System 구성 가능. • 담당 직무 교육계획 수립 및 업무지도 수행가능
Expert	Under 3.5 Over 2.5	과장 (지도)	해당분야 전문지식과 경험보유 • 담당직무 독자적 수행 가능 • 문제해결 기법, 통계적 기법 등을 바탕으로 분석 업무수행 가능 • 분석 Tool 독자적 개발 가능 • 담당 직무의 입문 및 실무자에게 교육업무 수행 가능
Advance	Under 2.5 Over 1.5	대리 (자주)	일상적인 업무에 대한 독자적 수행 • 담당 직무에 대한 50% 독자적 수행 가능. • 분석기법 실무 가능 • 분석Tool 개발 기초 지식 이해
Basic	Under 1.5 Over 0.5	사원 (이해)	기초지식은 가지고 있으나 의존적 업무수행. • 전기전자 기초 지식 이해 • 상사의 지시, 지도하에 업무수행. • 제품 동작 원리 기본 이해

그림 36 분석직무 역량준거표 예시

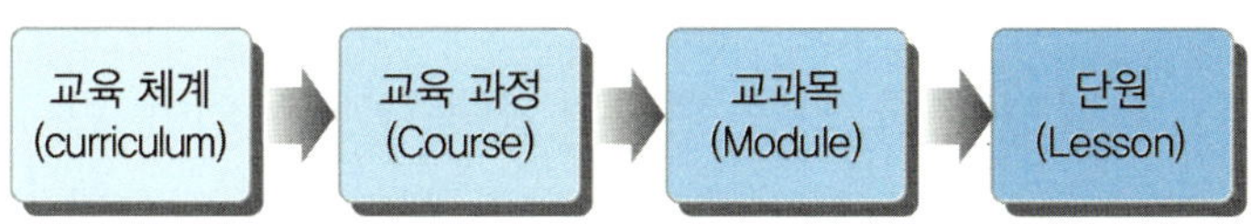

그림 37 교육 Platform Hierarchy

14 3현(現) 3원(原)주의

일을 하다 보면 주로 지식 근로자들은 책상에 앉아서 일을 하거나 미팅 룸에서 다른 사람들의 정보나 본인의 경험지에 의해 기획을 하거나 의사결정을 하게 된다. 그러한 관점에서 보면 현장의 변화나 이해 관계성에 대한 부분을 충분히 고려하지 않고 기획을 해서 전혀 다른 과정과 결과를 가져오게 되는 경우가 있다.

전문가 일수록 중요하게 다루는 것이 바로 3현 3원주의이다. 이것은 직접 보고 느끼고 체험하면서 일을 처리하고 기획하고 운영하는 것이다. 3현 3원 주의는 현장에서 현물을 보고 현상을 파악하여 원리와 원칙, 원인을 규정하는 것이다. 세상은 자신이 아는 만큼만 보인다고 한다. 중요한 것은 고정관념을 타파하고 신선한 현장의 살아 있는 정보와 데이터를 확보하고 그것을 통해 현장을 명확히 하는 것이다. 현장의 미세한 변화나 움직임에 대해 정확히 파악하고 니즈를 수렴, 문제를 해결하는 것은 올바른 기획을 하기 위함이다. 일을 할 때의 기본적인 사상과 철학은 현장을 바로 알고 실행할 줄 아는 현장의 전문가가 되어야 한다.

그러기 위해서는 부지런해야 하며 현장과의 소통과 변화에 대해 항상 관심을 두고 일을 추진해야 한다. 특히, 조직에서 직급이 올라갈수록 현장에 대한 이해와 폭을 넓혀 나가야 하며 현장을 반영한 사실성과 진정성이 있는 보고서와 지도를 해야 한다.

15 Hidea를 찾아라

프로젝트를 추진하다 보면 좋은 생각과 아이디어를 요구할 때가 이 프로젝트는 납기 내에 원하는 산출물을 얻어내기 위한 업무이다. 그러기 위해서는 양질의 아이디어와 더불어 추진력인 실행력의 제고가 필요하다. 실제로 이 두 가지를 다 가지고 있는 사람도 있지만 둘 다 없는 사람, 하나만 가지고 있는 사람 등 가지각색이다. 중요한 것은 프로젝트의 효과와 효율성을 높이기 위해서는 이 두 가지 요소가 필요하다.

양질의 좋은 생각과 아이디어를 Hidea(High Quality Idea)라 정의한다. 동일한 시간에 여러 프로젝트 리더에 의해 과업을 실행하더라도 그 품질이 달라지는 것은 프로젝트 리더와 팀원들의 Hidea의 차이이기도 하다.

좋은 생각과 아이디어는 프로세스를 단축하고 품질을 좋게 하며 원가를 줄일 수 있다. 이러한 것을 통해 브랜드 파워를 더욱더 확장해 낼 수 있다. 프로젝트 리더는 팀원들이 좋은 생각과 아이디어를 낼 수 있도록 지도하고 분위기를 형성해야 한다. 그러기 위해서는 지시하고 통제해서는 이러한 Hidea가 나오지 않는다. 프로젝트 회의를 하더라도 소통하고 대화하며 팀원들 이 좋은 생각과 아이디어를 낼 수 있도록 분위기를 리드해 나가야 한다.

워크 스마트한 업무를 추진하기 위해서는 이러한 아이디어의 개진이 수용이 되고 자유롭게 발현이 되어 프로젝트에 기여하고 있다는 결속력을 증대시키고 가치 있는 일을 추진한다는 자부심과 자긍심을 가지도록 환경을 만들어 가면 좋은 성장과 성과를 만들어 낼 수 있다.

16 하인리히의 법칙(Heinrich's Law)

프로젝트를 추진하다 보면 원인에 대한 분석을 자주한다. 이러한 원인에 대한 사고의 틀 중에 「하인리히의 법칙」이 있다.

대형 사고가 발생하기 전에 그와 관련된 수많은 경미한 사고와 징후들이 반드시 존재한다는 것을 밝힌 법칙이다. 1931년 허버트 윌리엄 하인리히(Herbert William Heinrich)

가 펴낸 『산업재해 예방: 과학적 접근 Industrial Accident Prevention: A Scientific Approach』이라는 책에서 소개된 법칙이다. 이 책이 출간되었을 당시 하인리히는 미국의 트래블러스 보험사(Travelers Insurance Company)라는 회사의 엔지니어링 및 손실통제 부서에 근무하고 있었다.

업무 성격상 수많은 사고 통계를 접했던 하인리히는 산업재해 사례 분석을 통해 하나의 통계적 법칙을 발견하였다. 그것은 바로 산업재해가 발생하여 중상자가 1명 나오면 그 전에 같은 원인으로 발생한 경상자가 29명, 같은 원인으로 부상을 당할 번한 잠재적 부상자가 300명 있었다는 사실이었다. 하인리히 법칙은 1:29:300 법칙이라고도 부른다. 즉, 큰 재해와 작은 재해 그리고 사소한 사고의 발생 비율이 1:29:300이라는 것이다.

큰 사고는 우연히 또는 어느 수가 갑작스럽게 발생하는 것이 아니라 그 이전에 반드시 경미한 사고들이 반복되는 과정 속에서 발생한다는 것을 실증적으로 밝힌 것으로, 큰 사고가 일어나기 전 일정기간 여러 번의 경고성 징후와 전조들이 있다는 사실을 입증하였다. 다시 말하면 큰 재해는 항상 사소한 것들을 방치할 때 발생한다는 것이다.

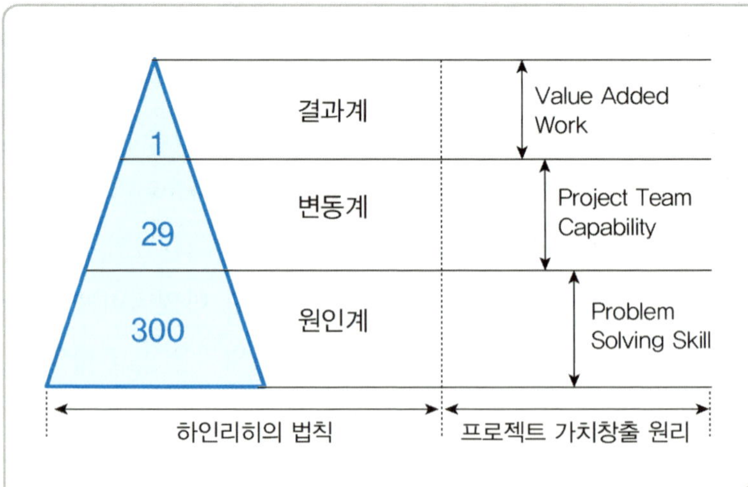

그림 38 하인리히의 법칙과 프로젝트 가치창출 원리

사소한 문제가 발생하였을 때 이를 면밀히 살펴 그 원인을 파악하고 잘못된 점을 시정하면 대형 사고나 실패를 방지할 수 있지만, 징후가 있음에도 이를 무시하고 방치하면 돌이킬 수 없는 대형 사고로 번질 수 있다는 것을 경고한다. 하인리히 법칙은 노동현장에서의 재해뿐만 아니라 각종 사고나 재난, 또는 사회적·경제적·개인적 위기나 실패와 관련된 법칙으로 확정되어 해석되고 있다.

결과와 원인을 규명하고 분석하는 데 있어 추리할 수 있는 모형을 통해 원인을 찾고 문제해결을 해 나갈 수 있는 모델이기도 하다.

「하인리히의 법칙」에서 프로젝트를 관리하다 보면 리더

는 부가가치적인 업무를 추진하기 위해 일의 성과를 내는 팀원들의 역량과 문제해결 능력에 초점을 맞추어 과정관리의 맥을 잡아 주어야 한다.

이러한 과정관리의 맥은 겉으로 들어 나지 않는 역량과 문제해결력을 강화시켜 주어 성장시켜 주는 데 큰 이유가 있다. 원인계에 해당하는 문제해결력의 높고 낮음에 따라 프로젝트의 성장과 성과는 크게 달라질 것이다.

프로젝트 리더는 팀원과 업무에 대한 결과뿐만 아니라 과정관리와 그 기반에 깔려 있는 움직임에도 크게 관심을 기울여야 한다. 결국 좋은 과정관리에서 높은 성과가 나오기 마련이기 때문이다.

결과만을 생각하고 일을 하다 보면 팀원 간의 갈등과 워크 하드의 분위기 속에서 자칫 프로젝트를 실패로 이끄는 단초를 제공할 수 있다.

17 상상하면 그 이상이 된다(創發精神)

상상하라. 그러면 그 이상이 된다. 생각지도 못한 생각, 생각조차도 못한 생각을 통해 아이디어 발현을 하자. 창발정신(創發精神, Emergence Insight)은 남이 모르거나 하지 아니한 것을 처음으로 또는 새롭게 밝혀내거나 이루는 일을 의미한다. 이러한 것에 가치가 숨어 있다.

프로젝트를 하다 보면 문제와의 전쟁이다. 이러한 문제를 풀어 나가기 위해서는 여러 문제해결 능력이 필요하다. 그 중에서도 가장 중요한 것이 남들이 생각하지도 못한 생각을 해 내서 빠른 시간 내에 원하는 것 이상의 성과를 만들어 내는 것이다.

프로젝트는 팀원들 간, 이해관계자 간의 협업구조와 더불어 그들의 집단지성을 얼마나 잘 활용하고 적용하느냐에 따라 성장과 성과는 크게 달라진다.

프로젝트 리더는 이러한 관점에서 팀원들의 창발 정신을 일깨워 주고 그것을 실현 가능하며 100% 이상의 목표를 향해 도전 할 수 있도록 스폰서를 해 주어야 한다.

그러기 위해서 프로젝트 리더는 업무 추진시 창의적인 업무가 추진되도록 방향과 분위기, 문제해결의 도구 활용에도 각별한 신경을 써야 한다. 프로젝트 리더는 가끔 창발할 수 있는 주제를 팀원들과 함께 공유하고 그것을 통해 신선한 생각을 유도해 낼 수 있도록 하면 좋은 성과를 기대할 수 있다.

18 인재의 종류와 1등 인재의 정의

프로젝트를 추진하다 보면 팀원들을 여러 유형의 인재로 구분할 수가 있다. 또한, 프로젝트 리더는 팀원들의 인적자원을 성장시키고 훈련시켜서 좋은 성과를 창출해 내는 가치창출자이다.

인재의 종류는 5가지 종류로 정의할 수 있는데 인재(人材, Human Resource)는 기본적인 자질과 역량을 보유하고 있는 사람을 의미한다. 여기에서 좀 더 가치를 내고 발전된 인재의 모습은 인재(人才), 인재(人財, Human Capital)이다.

기본적인 역량을 보유하고 있는 인재에서 재주가 많고 가치를 발현시킬 수 있는 인재로 진화하는 것이다. 이러한 인재들은 창의, 혁신하여 새로운 가치를 만들어 내는 비즈니스를 하게 된다. 그러나 기본적인 역량을 보유하고 그냥 존재 가치로서의 인재(人在)와 문제를 만들어 내는 인재(人災)가 된다.

이러한 사람들은 저(低)성과 저(低)역량으로 변화와 혁신적인 마인드가 부족하여 조직 속에서 융합하거나 협업하기가 쉽지 않은 상태를 만들어 낸다. 인재의 유형에 대해 도식화해 보면 다음과 같다.

기본적인 역량을 보유하고 상향 고도화 인재상으로 갈 것인가? 아니면 하향 저도화 인재로 갈 것인가는 본인 선택과 노력 그리고 상사의 지도와 지원이 중요하다.

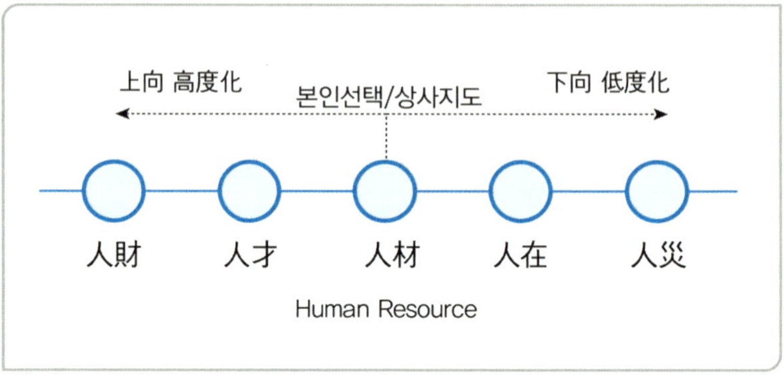

그림 39 인재의 유형

우수한 인재로 양성되고 성장하는 것은 본인의 의지, 노력과 과정과 더불어 상사의 일에 대한 지도와 지원이 병행될 때 일속에서 성장과 성과를 낼 수 있는 것이다.

우수한 인재, 1등 인재는 새로운 가치를 찾아 발굴해 내고 실현해 가는 인재이다. 가치는 원가절감과 판매가를 올릴 수 있는 여러 전략들을 모색하고 추진해 나가는 이익이 되는 이야기를 쓰는 것이다.

19 공통의 용어와 표준양식의 중요성

프로젝트를 시작할 때 가장 중요한 것은 공통의 용어를 사용하는 것과 용어에 대한 의미의 해석적인 측면에서 프로젝트 팀원들이 동일한 개념을 가지고 활동하는 것이 매우 중요하다. 서로 다른 의미의 해석은 소통과 대화를 하는 데 있어서 문제를 유발시키고 갈등과 더불어 정확한 의사전달의 부재로 인해 프로젝트 목적과는 전혀 다른 과정과 결과를 초래할 수 있다.

제일 먼저 프로젝트 리더가 해야 할 일 중의 하나는 바로 공통의 용어에 대한 프로젝트 팀원들의 교육과 활용지침을 주는 것이다. 팀원들의 지식과 경험지의 차이에 의해 같은 용어라 해도 서로 다른 의미 해석이 가능해지고 이에 따라 동일한 지침이나 행동의 요구사항에 대해서 각기 다른 생각과 태도에 의해 업무가 추진될 수 있다. 프로젝트를 추진하면서 용어의 정의를 하고 새로운 용어에 대해서는 또한, 표준화를 해 나가면서 업무를 추진해야 한다.

용어와 더불어 표준양식의 활용도 중요하다. 표준화된 양식의 활용은 일에 대한 통일성과 스피드를 주며 각자가 가지고 있는 산포를 배제할 수 있다. 특히, 여러 사람들이 각기 공통의 목적과 목표를 위해 일을 할 때는 표준화된 양식을 통해 시각을 일치시켜 주고 활용할 수 있도록 프로젝트 리더는 관심을 기울여야 한다.

일의 스피드 관점에서도 표준화된 양식을 활용하는 것과 그렇지 못한 경우를 보면 약 2~3배의 취합하는 시간 차이를 보며 나중에 여러 사람들의 의견을 정리하는 데 있어 각기 다른 양식을 활용함으로써 오는 취합의 번거로움은 엄청난 낭비로 귀결된다.

특히, 리더 관점에서 정리하고 기초 데이터를 유용한 정보로 가공하기 위해서는 여러 사람들의 의견을 통일된 구분자에 의해 정리하는 것이 무엇보다도 중요하다. 프로젝트를 실행하는 관점에서의 워크 스마트는 공통된 용어의 해석 논리와 표준화된 양식을 얼마나 잘 활용하느냐의 관점에서 볼 필요가 있다.

리더는 이러한 용어와 양식에 대해 프로젝트 팀원들 보다 한발 앞서 생각해보고 일을 추진해야 한다. 그래서 업무의 리딩 포인트를 찾고 프로젝트 리더로서 리더십을 발휘할 수 있다.

20 생각지도 못한 생각에서 나오는 3시(視)원리

프로젝트를 하다 보면 프로젝트 리더는 두 가지의 난관에 봉착하게 된다. 하나는 프로젝트의 성장과 성과를 위해 좋은 생각과 아이디어가 필요하다. 업무 추진 시 팀원들의 반짝이는 아이디어는 새로운 가치를 만들어 가는 프로젝트 특성상 아주 중요한 성공인자이며 이를 독려하고 촉진하기 위해서 리더는 분위기 형성 및 아이디어 개진에 대한 동기 부여를 충분할 정도로 해야 한다.

또 하나는 팀원들 간의 생각의 차이이다. 생각의 차이는 동전의 양면과도 같다. 대립의 각을 세울 수도 있고 다양성이라는 차원에서 장려를 해야 할 문제이기도 하다. 이러한 생각의 차이는 갈등을 유발하지 않는 상태에서 업무 추진 시 여러 각도에 대한 다양성 측면에서 중요한 포인트이다.

생각은 보는 차이 즉 시력(視力)과 시각(視角), 시야(視野)의 차이 등 세 가지 측면에서 해석해 볼 수 있다. 사람은 시각, 시야, 시력의 차이에 따라 틀린 것이 아니라 다르다는 것을 인식하고 이것을 통해 다양성을 인정하는 분위기를 만들어 가는 것이 중요하다. [그림 40]은 보는 방식에 따른 생각의 차이를 설명한 내용이다.

그림에서 보는 바와 같이 생각의 차이는 팀원 A와 팀원 B는 각자 시력과 시각 그리고 시야의 차이에 다름에 따라 팀원 A와 팀원 B는 틀린 것이 아니라 다른 것이다. 이것은 개인 간의 3視(시력, 시각, 시야) 차이에 의한 생각의 차이와 다름의 차이라고 할 수 있다.

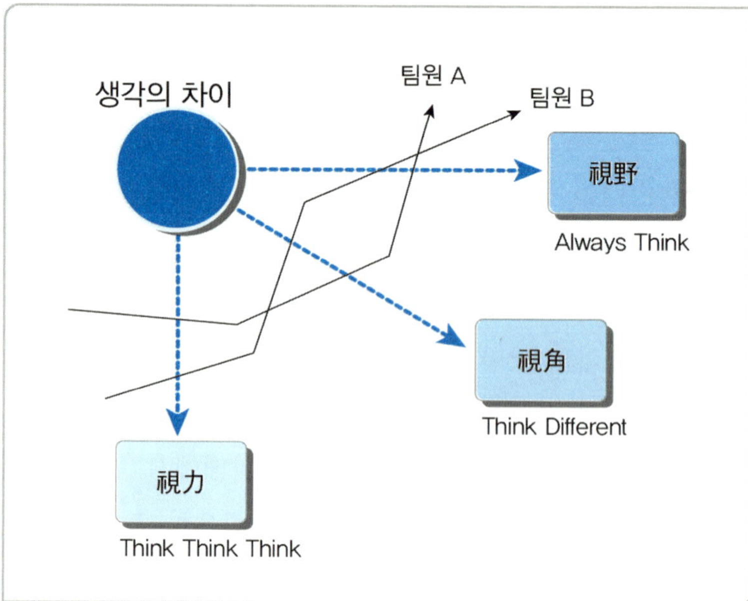

그림 40 보는 방식에 따른 생각의 차이

프로젝트 리더는 이러한 팀원 간의 3시(視) 차이에 대해 충분히 이해하고 다름을 인정해야 한다. 이러한 것을 통해 프로젝트는 좋은 생각과 아이디어가 발현되어 팀원들의 성장을 촉진하고 프로젝트의 성과 향상을 위해 문제해결력을 높이고 팀원 간의 결속과 협업 구조를 탄탄히 할 수 있다.

기업의 경영철학과도 3시(視)의 활용은 다음과 같이 활용되고 있다. 시력을 통해 제품과 서비스를 향상시키는 기업은 IBM으로 생각하고 생각하고 생각하면(Think, Think. Think) 좋은 제품과 서비스를 창출할 수 있다는 것이다. 또

Chapter 3 How

한, APPLE은 다르게 생각하라(Think Different)로서 새로운 각도의 창의적 아이디어를 발현시키고자 노력을 한다. 시야를 통한 독특한 기업 문화를 가지고 있는 곳은 바로 일본의 미래공업이다.

미래공업은 이 세상에 없는 제품만 만든다. 그래서 지적 자산을 유독 중요시하게 생각하며 임직원들의 아이디어를 소중하게 생각하고 독려한다. 라인 현장에서는 항상 생각하라는 표어가 붙어 있다(常に 考える, Always Think). 도요타는 좋은 생각에 좋은 품질, 현대, 기아 차는 New Thinking, New Possibilities라는 새로운 슬로건을 통해 생각의 중요성과 그것을 통해 1등의 제품과 서비스를 창출하려고 노력한다.

이러한 3시(視)의 관점에서 1등 인재를 정의하면 바로 창조적 혁신인으로 정의할 수 있다. 창조적 혁신인은 좋은 생각과 아이디어를 통해 새로운 가치를 만든다. "고로 나는 존재한다"라는 새로운 21C형 신인류로서 정의할 수 있다. 신인류의 학명은 Homo Creaturinnocus이다.

이것은 창조인의 Creatura와 혁신의 Innovation의 합성어이다. 이들의 특성은 좋은 생각과 아이디어를 발현하고 실행하기 위해서 일을 할 때 질문하고 관찰하고 실험하는 정신과 교류와 관련짓기를 잘하는 특성을 가지고 있다. 또한 이러한 것을 하기 위한 특성치로서는 세 가지의 개념이 있다.

첫째로 통합의 개념이다. 이것은 통합(Combination)의 개념으로 물리적으로 2개 또는 2개 이상의 것을 합치는 개념을 통해 새로운 가치를 만들어 내는 것이다.

둘째로 융합이다. 이것은 융합(Convergence)로서 이종간의 결합이 화학적인 의미를 지니고 있다.

셋째로 통섭이다. 이것은 통섭(Consiliance)으로서 생물학적인 아주 새로운 의미와 개념으로 통합되는 것을 의미한다.

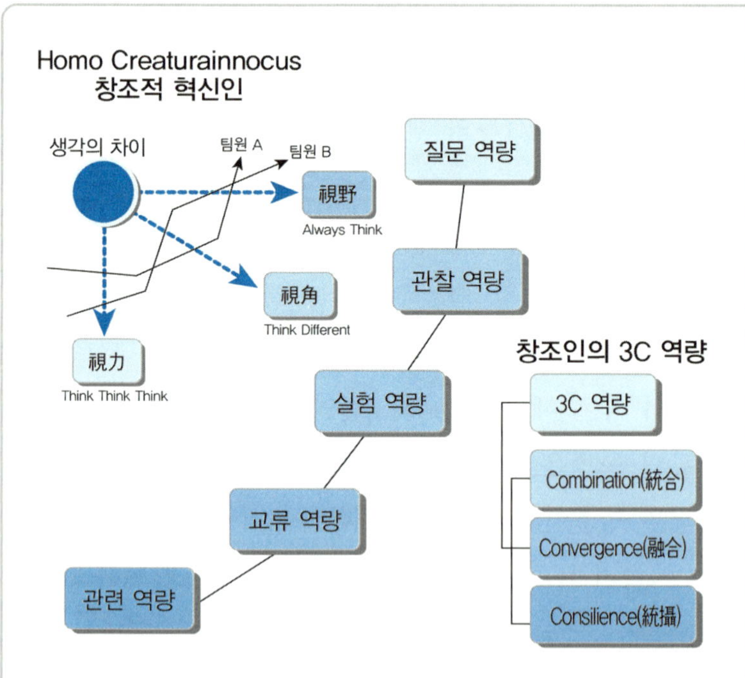

그림 41 창조적 혁신인의 Platform 구조

창조적인 혁신인(Homo Creaturainnocus)은 3C의 개념과 5가지 방법론을 통해 좋은 생각과 아이디어를 통해 새로운 가치를 만들어 내고 개인의 성장과 성과를 촉진하는 Work Smarter이다. [그림 41]은 신인류 창조적 혁신인의 생각의 구조 플랫폼(Platform)를 도식화한 것이다.

21 창조적 혁신인의 3C 역량(이종간 통합, 융복합, 통섭)

창조적 혁신인은 세 가지의 독특한 결합과 통합의 기능을 가지고 있다. 이것을 창조인의 3C 역량이라고 한다.

이러한 역량은 좋은 생각과 아이디어 발현을 통해 나온 것을 통합(Combination) → 융합(Convergence) → 통섭(Consilience)을 통해 새로 운 가치를 만들어 가는 역량이 탁월하다.

일차적으로 이종 간의 물리적인 결합으로 통해 시너지를 내고 가치를 끌어내는 역량, 이차적으로 화학적 결합을 통한 가치 창출, 마지막으로 생물학적인 관점에서 대 통합을 이루어 내는 통섭의 스토리로 전개하는 역량이 개인적으로 잘 내제화(內製化)되어 있다고 볼 수 있다.

단순한 결합에서 녹이고 복합적인 개념을 통해 통합적

인 관점에서의 생화학적인 시스템을 만들어 가는 것을 의미한다.

22 일에 대한 프로세스(KH-IPOPVP Process 기법)

일을 시작하고 과정 관리하며 좋은 성장과 성과를 만들어 내기 위해서는 일하는 방식과 방법 중에서 일의 프로세스가 있다. 이러한 일의 프로세스는 어느 일을 하더라도 동일하게 적용되며 활용할 수 있다.

[그림 42]는 일의 프로세스인 KH-IPOPVP 기법이다.

일의 입력단 → 프로세스 과정단 → 출력단에서 일이 추진되고 실행되어진다. 이러한 일의 결과로 성과를 내게

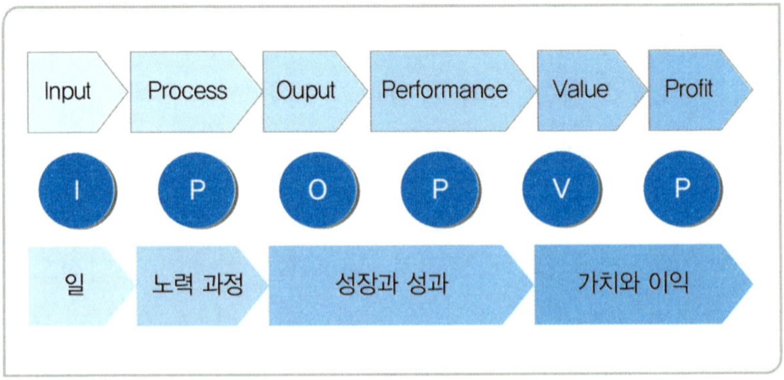

그림 42 일의 프로세스 기법

되는데 일의 성과는 P, Q, C, D, S, M으로 나타난다. Productivity(생산성), Quality(품질), Cost(원가), Delivery(납기), Safety(안전), Morale(사기) 등이다. 이러한 성과를 통해 일의 의미 부여의 중요한 선상은 의미 있는 가치를 만들어 가게 된다. 이러한 가치는 고객에게 주는 영향력을 의미한다.

고객이 원하는 가치는 성과에 대한 의미의 전달이다. 그 의미는 고객이 원하는 이익(Profit)을 만들어 내는 것을 의미한다. 일이란 결국 고객에게 가치(Value)를 주는 것이다. 그래서 고객은 돈을 지불하게 된다. 고객이 원하는 의미 있는 가치를 찾고 그것을 추진하고자 하는 것은 일에 대한 가치관이다.

일의 시작에서 마무리 단계까지의 여정은 고객에게 가치를 주고 이익을 만들어 내는 것까지 생각을 염두에 두고 실행해 나가야 한다. 그러기 위해서는 일의 시작 단계에서 성과와 가치를 명확히 정의하고 시작하는 것이 중요하다. 이것은 끝의 상황을 미리 예견하고 생각해 현재의 실행과 노력을 의미 있게 하는 아주 중요한 프로세스이다. 누구나 일에 대한 절차가 개인적으로 최적화되어 있을 것이다. 가장 최적화된 일의 프로세스를 체득화 하는 것은 지식 근로자의 생산성을 극대화하는 최선의 방법이다. 일하는 방법과 방식의 차이가 가치와 이익의 차이로 돌아온다.

23 과학적으로 일하는 방법 - Deming Cycle 이해

일을 하는 방식이나 방법에서 가장 흔히 쓰이는 도구는 W. Edward Deming의 PDCA Cycle이 있다. 이것은 일을 하는 방법이나 목표를 설정해 놓고 추진해 나가는 방법으로 많이 활용된다.

PDCA는 Plan(계획), Do(실행), Check(점검), Act(조치)의 4단계 순환을 통해 일을 추진하고 지속적으로 일을 개선해 나가는 방법이라고 할 수 있다. [그림 43]은 PDCA Cycle을

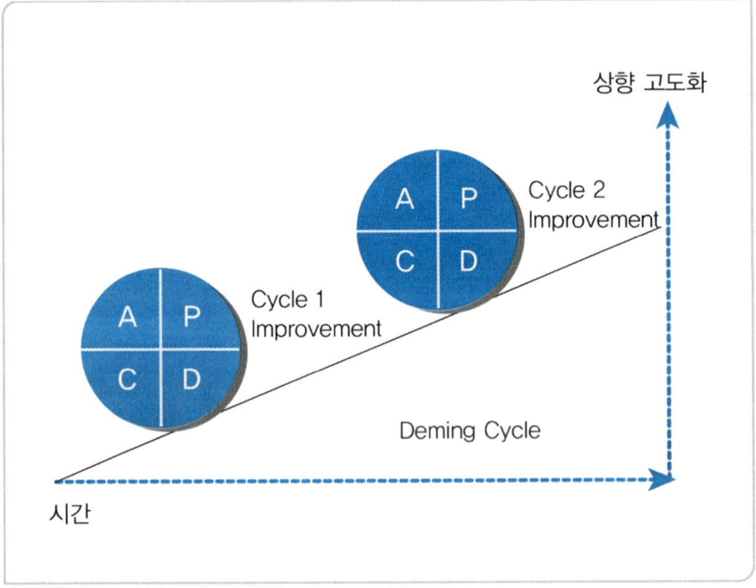

그림 43 일의 가치를 더해 가는 사이클 도해도

통해 시간축선 상에서 일을 지속적이고 연속적으로 개선, 혁신해 나가면서 일을 상향 고도화하는 것을 보여 준다. 일을 추진하다 보면 연속적으로 일이 진행되면서 계획과 실행 그리고 점검과 조치를 통해 다시 계획하고 실행하며 점검, 조치의 연속적인 회전력을 가지고 추진된다.

일을 잘하는 Work Smarter들은 이러한 일의 추진 방법론이 몸에 습득되어 체질화되어 있다. 그래서 중요도, 우선순위, 선택과 집중적인 일을 통해 시간의 절약과 성장, 성과, 가치를 만들어 내게 된다.

일의 성과를 극대화하기 위해서는 열정과 실행력도 매우 중요한 요소이지만 그 이전에 추진 방향과 효율이 우선해야 한다. 정확한 방향과 효율에 대한 고민이 우선되고 그 이후에도 중요도, 우선순위를 따져 선택과 집중을 하게 하고 열정 즉 실천적인 실행력이 요구된다.

간혹 일을 하다 보면 열정과 추진력이 우선되어 나중에 방향과 효율에 대한 부분을 다시 수정하게 되는 이러한 것을 잘 계획하는 것이 무엇보다도 중요하다고 할 수 있다. 이러한 일하는 방법과 방식의 종류에는 몇 가지 종류가 있다.

첫째, 3 Step형 일하는 방법은 PDS Cycle이다. 이것은 Plan(계획)하고 Do(실행)하며 See(점검)하는 3Step

으로 되어 있는 일하는 방법이다.

둘째, 4 Step형 일하는 방법은 Deming인 PDCA이다. Plan(계획)하고 Do(실행)하고 Check(점검), Act(조치, 개선)하는 프로세스로 추진된다.

셋째, 7 Step으로 추진되는 일하는 방법은 VMGPDCA가 있다. 이것은 Vision(비전)과 Mission(미션) 그리고 그것을 달성하는 Goal(목표), 목표를 이루기 위한. Plan(계획), Do(실행), Check(점검), Act(조치, 개선)하는 프로세스이다. 이러한 일하는 방법은 대규모의 큰 프로젝트를 추진할 때 활용한다.

넷째, 8 Step으로 추진되는 일하는 방법은 "VMGPDCAR"이 있다. 이것은 세 번째 7 Step에 Record(기록)을 한 번 더 실행하는 것으로 계획하고 비전서부터 조치, 개선까지의 전반적인 프로젝트 상황에 대해 기록관리를 함으로써 교훈적인 요소와 더불어 형식지로 남겨 향후 지식경영이 가능하게 하는 기능을 추가한 것이다.

일하는 방법은 3 Step으로 시작해서 그 난이도와 프로젝트 사이즈에 따라 8 Step까지 선택적으로 활용할 수 있다. 지식 근로자의 생산성은 이러한 일하는 방법에 대해 일의 성격에 따라 적절하게 활용하여 효율을 극대화하는 데 있다.

응용사례를 보면 다음과 같다. 100세 시대를 준비하는 관점에서 100세 시대 설계시스템으로 계획(Plan)하고 100세 시대 준비지수로 체크(Check)하고 100세 시대 추천상품으로 투자(Investment)하며 100세 시대 파트너로 관리(Management) 받는다는 4 Step의 논리도 만들어 내어 활용할 수 있다. 이것은 관리를 하기 위한 Step을 설계한 사례로 PCIM 4Cycle로 이해할 수 있다. **누구나 자신의 프로세스나 시스템을 확장하고 일하는 방식과 방법을 통해 효율적인 관리를 하고 싶다면 이러한 도구를 만들어 활용할 줄 아는 창의적 아이디어가 필요하다.**

좀 더 진취적인 개념으로 접근해서 보면 이러한 관리의 사이클을 회전시키는 것은 프로젝트 리더뿐만 아니라 팀원들도 각자 소단위 업무별로 추진하여 진행하게 된다. 이러한 것들이 체질화되고 활용의 범용성을 나타날 때 좋은 과정과 결과를 만들어 낼 수 있다.

하나의 프로젝트를 진행할 때는 리더나 팀원들의 역할과 책임(Role & Responsibility)의 명확성과 더불어 기준과 프로세스(Rule & Process), 도구와 기능(Tool & Technique)의 활용 등이 관리의 사이클과 더불어 활용된다.

[그림 44]는 각 관리의 단계별로 여러 가지 세부적인 기준 준거를 잡아 주는 연관도를 표현한 것이다. 이것은 계획 단계에서 각자의 기능과 역할을 수시로 정하고 기준과

절차를 마련하여 가장 적절한 도구와 기능을 활용하는 것을 의미한다. 또한, 그 다음 단계에서도 이와 같은 3단계의 세부적 활동은 매우 필요한 리더의 프로젝트 관리 리더십이라 할 수 있다.

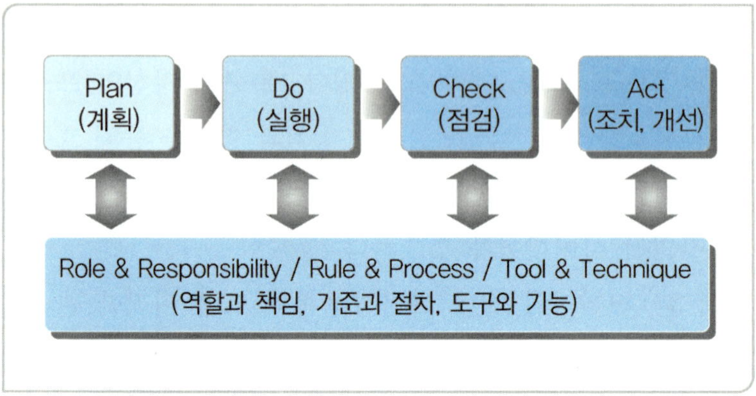

그림 44 각 단계별 관리의 사이클과 세부 연관도

24 프로젝트는 실행력과 즉 실천이 매우 중요

프로젝트는 시작점에서 추진 방향과 성과에 대한 정의가 내려지면 프로젝트 리더는 팀원들이 열정적으로 실행하고 실천할 수 있도록 한 발 먼저 솔선수범하는 생각과 태도가 중요하다. 방향과 산출물 또는 결과에 대한 그림이 그려지고 논의가 되어 합의가 되었다면 가장 중요한 노력과 과정의 차이에 의해 성과관리가 된다.

프로젝트는 명확한 산출물과 더불어 납기에 대한 것이 정확히 정의되어 실행되는 아주 멋진 워크 스마트이다. 방향과 산출물들에 대한 정의를 뒷받침하는 것은 프로젝트 리더의 리더십과 더불어 팀원들의 열정 즉 실행력과 실천력이다.

아무리 좋은 프로젝트를 추진한다고 해도 팀원들의 열정적인 활동이 뒷받침되지 못하면 성과 있는 프로젝트를 추진할 수 없다. 리더는 팀원들의 실행력과 실천력을 극대화하고 자율적이고 자발적인 행동을 끌어내기 위해서는 무엇보다도 팀원들을 주도성이 있는 열정맨으로 성장시키는 것이 중요하다.

수많은 프로젝트 리더들이 자신의 전문성만을 믿고 자신하며 프로젝트를 추진하여 얼마 되지 않아 팀원들은 불신하게 되고 리더의 방향과는 다른 행동을 하게 된다.

리더에 대한 신뢰와 지원을 통해 팀원들은 리더의 방향에 동의하고 행동하게 된다. 관리를 한다는 것은 이전에 팀원들에 대한 애정과 관심을 통해 성장시키고 성과를 내게 하는 방법을 먼저 고민해야 하는 이유이기도 하다. 팀원들은 리더의 지도와 지원을 통해 성장과 가치 있는 성과를 만들어 낼 수 있으며 이러한 리더를 존경하고 따르게 된다.

프로젝트 진행 중에 상하 갈등이나 업무추진이 잘 되지 못하는 것은 무리한 리더의 요구나 팀원들의 역량 부족이 원인일 수도 있고 상호관계성에서 벌어지는 인간관계나 소통의 문제로 인해 상호 불신과 불만적 요소들이 잠재되면 더욱더 열정적인 프로젝트를 추진하기는 어려울 것이다.

프로젝트 속성상 납기가 있고 산출물의 결과가 명확하기 때문에 이를 추진하고 노력과 과정 속에서 성장과 성과를 만들어 낸다는 것은 리더와 팀원들의 한마음적 가치의 기준 통일성과 더불어 상호 학습되고 가르치는 문화가 확산될 수 있도록 팀원 상호간, 리더와 팀원 간의 상하 간 소통과 대화의 채널을 잘 구축하는 것도 프로젝트에서 중요한 요소이다.

25 워크 스마트의 활동은 씽크 스마트(Think Smart)에 있다

창의적 아이디어는 기업의 경쟁력인 시대로 접어들었으며 이를 뒷받침하기 위해서는 창조적 조직풍토와 더불어 임직원 각 개인의 창의적 사고역량이 중요한 요소이다.

임직원들의 역량 향상은 각 개인의 창의력 향상을 통한 업무방식 변화와 성과 제고를 위해 활용할 수 있는 스킬과 도구 등 "Think Smart"를 위한 구체적인 방법론 제시가 필요하다.

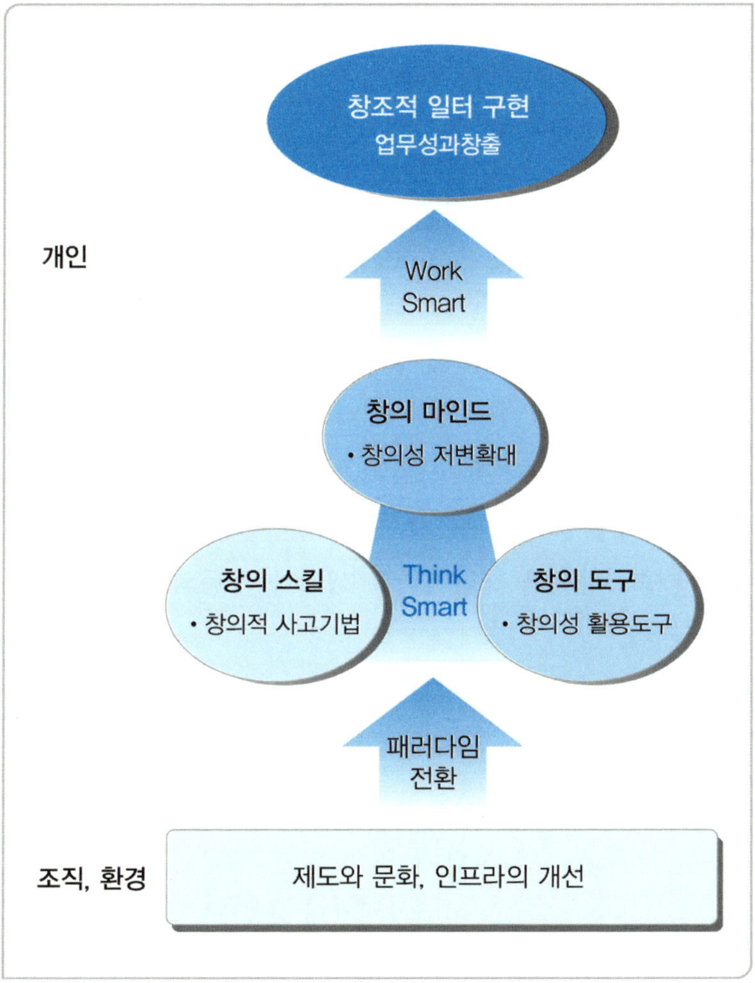

그림 45 창의, 혁신 교육 추진 방향

창의적 마인드, 아이디어 도출 스킬, 통합적 문제해결 등 창의력과 관련된 콘텐츠의 통합적 체계를 구성하여 운영하고 업무에 직접 적용할 수 있는 스킬과 도구 중심으로 현업 활용도를 제고하고 업무성과 창출에 기여할 수 있도록 내용을 구성해야 한다.

주로 간부계층은 창조적인 조직구성, 성과관리 등 조직관리 측면으로, 사원계층은 사고능력 및 스킬 중심으로 역량을 강화해 나간다.

이는 워크 스마트라는 개념으로 정의되고 확산된다. 워크 스마트는 워크 하드한 상태의 제도와 체질을 개선하여 일을 하는 효과와 효율성을 극대화하여 결국에는 일의 가치를 높이는 것을 말하며, 일과 삶의 균형적 발전을 모색해 나간다. 이렇게 하기 위해서는 그 기저에 창의와 혁신, 소통과 대화, 자율과 책임이라는 생각과 행동의 변화를 요구하게 된다.

이러한 부분이 바로 씽크 스마트(Think Smart)이다. 이러한 씽크 스마트함을 기반으로 한 일하는 방식과 방법의 개선과 혁신은 새로운 가치의 발현에 큰 영향을 준다. 프로젝트는 일부분적인 사람에 의해 일이 추진되는 것이 아니다. 수많은 사람들과 이해관계자의 집단적 역량을 어떻게 평준화하여 활용하느냐가 중요한 성공의 요소이기도 하다.

리더는 프로젝트를 추진하면서 팀원들의 워크 스마트를

촉진하고 아이디어를 발현시키고 그것을 새로운 가치로 전환하고 도전할 수 있도록 지원과 환경을 만들어 주는 기능과 역할에 정성을 다 해야 한다.

특히, 팀원들의 개선의식을 자극하고 발현되는 아이디어를 소중히 수용하고 실현해 나가는 조직 문화, 프로젝트 문화를 만들어 가는 것이 무엇보다도 중요하다.

26 점, 선, 면의 원리와 틀, 판, 획의 원리

프로젝트 업무를 하는 데 있어 일을 하는 방법 중의 하나로 점, 선, 면의 원리가 있다. 이것은 점을 만들어 선을 연결하고 면의 업적을 창출한다는 스토리이자 가치 있는 업무를 창출해 내기 위한 입체적 사고라 할 수 있다. 점 사고 → 선 사고 → 면 사고의 입체적 사고 등으로 생각의 틀 또한 발전해 나가고 진화해 나가게 된다.

업무를 하다 보면 점에서 머물러 있는 팀원이 있는 반면에 점과 점을 연결하고 교류하면서 선을 만들어 점에서의 성장과 성과보다는 한 단계 상행 고도화적인 업무를 창출해 낼 수 있다.

프로젝트원들의 집단지성을 활용하여 가장 가치 있는 입

체적 사고를 통해 면의 업적을 만들어 내는 팀원들도 있다. 물론 프로젝트를 추진하다 보면 점적인 업무를 추진하는 것은 대부분 팀원들이 하고 업무의 선관 면적인 성과를 창출하는 고민은 주로 리더가 하게 된다.

중요한 것은 하나의 업무를 주더라도 리더나 팀원과 상관없이 일을 하는 사람은 점, 선, 면의 사고와 업무를 통해 가치 있는 업무를 한층 더 만들어 낼 수 있다. 이러한 사고와 더불어 가치를 더해 주는 방법이 바로 틀, 판, 획의 원리이다.

이것은 하나의 면 사고에서 출발하여 하나의 틀을 만들고 판을 짜서 새로운 획을 만들어 나가는 비즈니스 차원의 활동이다. 하나의 틀 안에는 점과 선, 그리고 면으로 구성된다. 또한, 틀은 기능과 역할, 기준과 절차로 구성된다.

그래서 구조의 축과 체계의 축을 구성할 수 있다. 판은 이러한 구조와 체계의 축으로 통한 체질의 축을 만들어 가는 것을 의미한다. 체질의 축은 바로 콘텐츠를 의미한다. 어떠한 콘텐츠로 판을 벌일 것이냐는 결국, 독특하고 차별화되는 콘텐츠의 전쟁이다.

마지막으로 획은 바로 스토리이다. 구조와 체계 그리고 체질의 축이 구성되면 바로 스토리를 만들어 낼 수 있으며 이것이 바로 제품과 서비스로 창출되어 가치를 만드는 중요한 논리가 된다.

물론, 획을 긋는 구성안에는 점, 선, 면의 사고가 포함된다. 일을 한 층 더 단단하고 견고하며 가치 있는 일로서 개선하고 혁신하기 위해서는 바로 이러한 점에서 선으로 면으로 진화하는 방법과 틀과 판을 만들어 획을 그려 내는 역량이 필요하며 리더나 팀원들 모두 자신의 업무에서 워크 스마트를 구현해 나갈 수 있다.

프로젝트 업무는 워크 스마트의 일에 대한 프로세스 및 방법을 제공해 준다. 그러한 측면에서 보면 프로젝트 성 업무를 추진하고자 할 때는 리더나 팀원들의 마인드와 기술적인 지원 등은 성공적인 프로젝트를 추진하기 위해 매우 중요한 요소로서 자리매김을 해야 한다.

27 가치의 패러다임 이동 이해

일을 한다는 것은 가치를 만들어 내는 것이다. 그 목적은 고객과 이해관계자에게 방향이 설정되어 있다. 물리학적인 관점에서의 일은 힘 F를 거리 S만큼 이동했을 때 일을 했다고 정의한다. 마찬가지로 일은 고객에게 전달되는 가치로서 정의되며 고객은 이것을 통해 돈을 지불하게 된다.

고객이 지불한 돈은 바로 기업의 이익이다. 물건을 만들고 서비스를 만들어 제공하는 것은 원가와 판매가로 구성된 이익의 구조로 구성되어 있다.

원가를 줄이고 판매가를 올리는 활동이 기업의 이익 구조를 탄탄히 하는 가장 기본적인 활동이자 기업의 가치를 만들어 내어 지속 가능한 경영을 유지하는 것이다.

개인과 조직 그리고 기업의 가치에 대한 기준은 다르다. 프로젝트를 추진하면 프로젝트에서 설정된 가치를 정의하고 실천해야 한다. 그러한 것이 진정성이 있는 일을 하는 것이고 도전하는 것이다.

고객이 원하는 가치는 Q, C, D + S를 기반으로 한 I, D, B + C이다.

> Idea, Design, Brand + Contetnts
>
> **Value = Q,C,D + S Based I,D,B + C**
>
> Quality, Cost, Delivery + Service

이것은 높은 품질에 낮은 가격, 빠른 납기와 훌륭한 서비스를 기반으로 한 아이디어, 디자인, 브랜드 파워를 겸비한 콘텐츠까지 가치의 기준은 상황과 논리에 따라 달라질 수 있다.

프로젝트를 추진하면서 정확하게 산출물에 대한 가치의 정의를 프로젝트 기안 시 정의하는 것은 그래서 매우 중요하며 이 정의에 따라 프로젝트의 노력과 과정을 추진해 나갈 수 있다. 고객의 가치 기준에 대한 변화는 고객의 다양성과 연계되어 향후 다양화, 다변화, 다각화가 예상된다.

이해관계자들의 다양한 가치의 기준은 제품과 서비스에 대한 산출물들의 다변화를 요구하게 되며 고객은 자신 수준의 가치 정의에 의해 다각화적인 선택을 하게 된다.

이러한 관점에서 프로젝트를 추진하는 리더는 고객, 이해관계자의 요구사항을 정확히 정의하고 그에 관한 가치를 어떻게 더욱더 가치 있는 활동과 산출물을 만들어 내느냐가 매우 중요하다고 볼 수 있다.

가치라고 하는 것은 생산자 입장에서의 가치는 고객에 의해 정해지며 소비자 입장에서의 가치는 소비자 자신의 가치 기준에 의해 정의된다.

일을 한다는 것은 일 속에서 일과 사람의 목적과 가치를 찾아내는 것이며 함께 하는 팀원들과 문제 해결을 해 나가며 일의 의미를 더해 주는 것이다.

이러한 가치의 기준에 대한 정의와 실행을 통해 개인이 성장을 하고 성취감을 얻고 평가와 보상 시스템에 의해 캐어(Care)를 받을 때 일은 재미있어 진다.

일이 재미있으면 상상과 창의가 발현되어 좀 더 높은 가치를 만들어 내는 원동력을 얻을 수 있다. 대신 그 반대인 경우에는 문제와 갈등의 연속선상에서 상호 몰이해로 전락할 수 있다.

28 내재화(內在化)와 내제화(內製化)의 차이

프로젝트의 일은 크게 두 가지 업무로 정의할 수 있다. 첫째, 문제해결을 단 시간 내에 해결하기 위해서 프로젝트를 추진하거나 둘째, 새로운 가치 발현을 위한 창조적 프로젝트가 있다.

이러한 것을 하기 위해 프로젝트를 추진할 때는 두 가지의 개념을 이해하고 있으면 업무에 도움이 된다. 이것은 업무의 추진 방향을 결정하는데 도움이 되며 이러한 정의에 의해 노력과 과정을 충실히 실행할 수 있다.

이러한 방법에는 내재화와 내제화의 개념이 있다.

첫째, 내재화(內在化, Maintenance)는 유지, 보수, 운영 업무에 해당된다. 주로 MRO라고 불리우는 Maintenance, Repair, Operation이 해당된다. 이러한 업무는 주로 대체 가능한 업무로서 별다른 기술과 숙련도를 요하지 않은 운영업무 중심이라고 보면 될 것이다.

둘째, 내제화(內製化, Contents Creation)적인 업무로서 이것은 새로운 가치를 만들어 내는 업무를 말한다. 이것은 내재화의 MRO 대신에 IIC로 Improvement, Innovation, Creation으로서 개선, 혁신, 창조를 의미하며 이것을 위해서는 새로운 CSI 즉, Contents, Story, Idea를 말한다.

이러한 업무는 주로 독특하고 차별화되는 아이디어 발현을 통해 새로운 가치를 만들게 되며 대체 가능하지 않은 높은 인적자원의 기능과 기술이 필요하다. 그래서 이러한 업무의 산출물은 대개의 경우 새로운 신시장의 개척이나 새로운 개념의 실행적 자산으로 나타나게 된다.

프로젝트 업무를 추진하다 보면 내재화적인 업무와 내제화적인 업무 두 가지가 서로 교차되면서 추진되기도 하며 인적자원의 구성에 따라 조직편제의 구성 및 활용, 그리고 업무의 방식 등을 결정할 수 있다.

내제화의 단계는 스스로 개척하는 역량을 말하며 전, 선, 면의 깊이로 보면 면의 입체적 사고가 해당된다. 비즈니스가 성장하면 할수록 내재화에서 내제화로 개선, 혁신되며 창조된다. 그냥 일에서 종합적이고 입체적 일로서 전환되며 그러면서 이종 간의 물리적 결합인 통합(Combination)되고 화학적인 결합인 융합(Convergence)으로 진화되며, 생물학적인 새로운 대 통합적 요소로 다시 태어나는 통섭(Consilience)으로 추진된다.

내제화 단계로 인텐시브하게 접어들면 제조부문은 생산과 시스템의 복합 전문가로 양성되며, 영업은 마케팅을 포함한 전문가로 SW 엔지니어는 HW를 포함 System Architect로, 설비엔지니어는 공정 부문까지 대 통합을 이루어 내어 좀 더 가치 있는 일과 성과를 만들어 낼 수 있다.

일을 추진하는 순서도 내재화의 유지, 보수, 운영의 업무에서 수준과 역량의 고도화에 대해 내제화의 신 시장 창출과 복합 전문가로서의 통섭이 이루어지는 방향으로 전개되는 것이 바람직하다.

29 2W + 1H + E 기법과 결, 근, 방 기법

프로젝트를 추진하다 보면 업무에 대한 마디와 매듭을 짓게 된다. 이것은 프로젝트의 보고서 형태로 진행되며 형식지로서 일정한 논리로 구성된다. 프로젝트는 프로젝트 기획서 → 과정관리 중간보고 → 최종 보고서 등으로 프로젝트 시작 시점, 중간, 최종의 단계로 전개된다.

이러한 보고서는 2W + 1H + E기법으로 구성된다. Why + What + How + Effect 등으로 구성되며 세부적으로 다음과 같이 구성된다. Why는 주로 배경과 목적으로 구성되며 What은 주요 내용 How는 활동 계획과 담당자, 납기 등이 포함되며 마지막으로 효과로 정리된다.

가장 기본적인 논리적 방법은 왜, 무엇을 어떻게 할 것이냐 그리고, 효과는 무엇인지를 간단히 서술해 보는 것이며 이것을 문서의 형태로 전환하는 것이 바로 보고서, 기획서이다.

또 하나의 방법은 결론, 그것에 대한 근거, 그리고 방법을 서술하는 방식으로 결, 근, 방의 기법이라고 한다. 서론, 본론, 결론의 방식의 서술적 의미와는 반대로 결론을 먼저

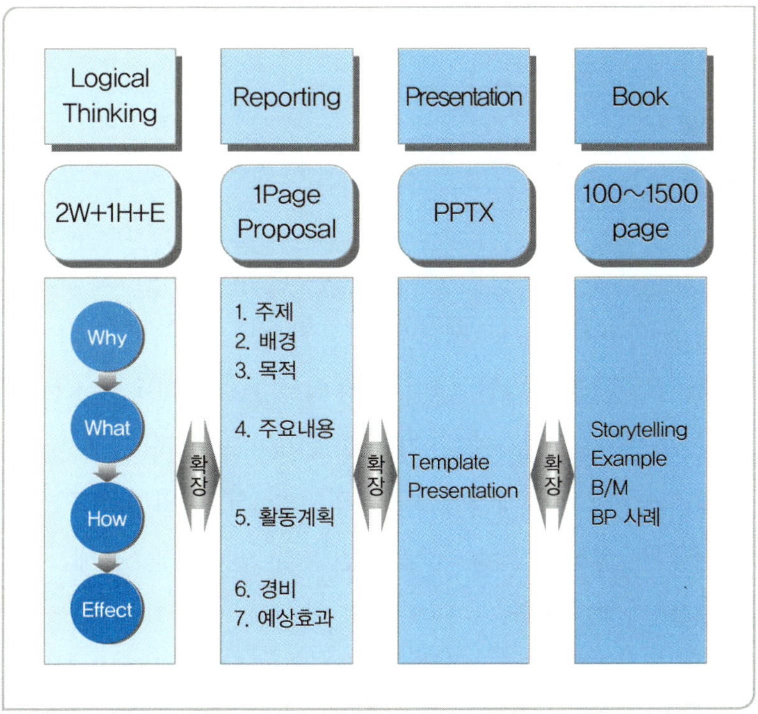

그림 46 지식 근로자의 지식 자산 변환도

이야기하고 그것에 대한 근거는 이것이며 그래서 방법은 이렇게 할 예정이다라는 방법으로 추진하게 된다.

[그림 46]에서 보는 바와 같이 논리적인 사고에 의해 간단히 정리가 되면 1페이지 분량의 보고서가 작성이 된다.

또한, 이 보고서는 확장되게 되면 표현하고 설득할 수 있는 프레젠테이션 자료를 구성할 수 있다. 더욱더 확장된 개념으로 진화하면 프레젠테이션 자료를 풀어 쓰게 되면 책으로 구성도 가능하게 된다.

30 의사결정 기법: Post it과 KJ법

프로젝트를 하다 보면 리더는 많은 퍼실리테이팅(facilitating) 기법을 활용하여 프로젝트를 성공적으로 리딩을 해 나가게 된다, 그 중에서 가장 많이 활용되는 Post it활용과 KJ법을 통한 방법으로 실사례를 가지고 설명하고자 한다.

예를 들어 과정개발에 대한 입안을 하기 위해서 프로젝트원들은 현장의 전문가와 임원들의 인터뷰를 통해 주요 니즈를 파악하였다.

이러한 니즈를 분석하고 정리하여 하나의 방향을 성장하기 위해서 활용한 기법이 Post it을 활용하여 정보를 분석하고 붙이고 그것을 다시 KJ기법으로 층별화 하여 니즈를 명확히 하고 무엇을 할 것인지 한눈에 볼 수 있도록 재분류, 의사결정을 촉진하여 우리가 원하는 과정개발 입안의 목적을 빠른 시간 내에 달성할 수 있었다.

먼저 팀원들이 인터뷰를 해온 내용을 요약하여 Post it에 적고 그것을 벽에 붙인다. 그리고 인터뷰한 모든 내용이 벽에 붙게 되면 같은 종류로 묶을 것은 묶고 버릴 것은 버리고 하면 간단히 층별로 분류가 가능하게 된다.

이제 이러한 것들에 대해 이름을 붙이고 대 분류로 정하고 중분류에 Post it에 기록된 내용을 적게 되면 1페이지로 정리가 말끔하게 된다.

31 시스템을 구축한다는 것의 정의와 구성 요소

하나의 시스템을 구축한다는 것은 무엇을 의미하는 걸까? 시스템이 갖추어야 할 구성요소는 무엇인가?

시스템은 필요한 기능을 실현하기 위해 관련 요소를 어떤 법칙에 따라 조잡한 집합체라고 할 수 있다. 또는 어떤 과업의 수행이나 목적 달성을 위해 공동 작업하는 조직화된 구성요소의 집합으로 정의할 수 있다.

프로젝트의 일은 주로 시스템을 구현하거나 완성하는 일들을 한다. 시스템은 현재 없거나 미래에 필요한 것들을 조직화하고 구성하여 효율적인 관리의 상태를 만들어 내기 위한 조정, 통제, 관리의 살아 있는 유기체이다.

이러한 시스템은 4가지의 구성요소로 구성된다.

① Rule & Process(기준과 절차)

② Trouble Shooting(이상점 감지)

③ Tool & Technique(효과와 효율)

④ Person: Role & Responsibility(담당자, 역할, 납기, 산출물)

예를 들어 불이 났을 때 감지하는 화재방재시스템을 예로 들면 다음과 같다.

①에 해당되는 Rule & Process는 불이 났을 때 감지가 되기 위한 온도와 상태를 정하고 불이 났을 때의 행동절차를 만드는 것이다.

②에 해당되는 것은 화재 감지기 센서에 감지가 되었을 때 벨이 울리는 것을 만드는 것이다. 그림으로서 문제가 생긴 것을 알 수 있을 것이다.

③에 해당되는 것은 화재감지기와 센서를 설치하는 것이다.

④에 해당되는 것은 소방서에 자동으로 연락되는 것이나 혹은 당직자라든가 화재를 처음 감지한 발견자에 대한 역할과 행동 요령을 정리하여 구축하는 것이다. 이것이 바로 화재방지 시스템에 대한 기준과 절차, 이상점 감지 시 반응, 어떤 도구를 활용할 것인지, 담당자는 누구로 할 것인지를 정하는 것이다.

시스템이 만들어지면 다음과 같은 3가지가 정리되어야 한다.

첫째, 운영 매뉴얼이다.

이것은 시스템에 대한 설명과 더불어 ①②③④항목에 대한 정리를 형식지로 설명해 놓은 것이다. 이것은 교육용으로 활용된다.

둘째, 운영지침서이다.

이것은 운영자가 행동할 때의 기준이 되는 사항들을 정리한 것으로 시스템을 운영하는 데 필요한 것을 정리한다.

이러한 것들이 정리가 되어 있지 않으면 하나의 시스템에 많은 인적자원이 활용을 할 때 많은 혼란과 무질서로 인해 목적한 바를 달성하는 데 제약요소로 작용을 한다.

셋째, 표준화이다.

이것은 시스템을 만들고 중요한 것을 형식지로 정리하여 법문화하는 것이다. 표준서는 제정작업을 거쳐 시스템을 운영하며 새로이 개선되는 사항을 개정하여 시스템 관리의 이력과 더불어 기준에 대한 명확한 부분을 제시하고 통제하는 기능을 가지고 있다. 이러한 절차와 기준을 잘 정리해서 명문화해 놓게 되면 갈등이나 혼란스러운 일이 있을 경우 표준서를 놓고 문제를 해결해 나가면 큰 도움이 된다.

또한, 담당자의 잦은 변화가 예상되고 시스템의 활용이 경영상으로 큰 영향을 주는 시스템일수록 더욱더 표준화 작업은 세밀하고 명확히 해 놓아야 한다. 표준은 명문화하여 이력관리가 되도록 Spec CENTER에 등록하도록 한다.

32 1등의 모랄 인재 정의

첫째, 1등의 목표이다.

1등 인재는 자신의 숙명적인 키워드를 만나 1등의 목표를 가지고 있다.

그것이 자신의 꿈이고 도전이다. I have a dream.

나는 꿈이 있어요. 자신만의 독특한 콘텐츠에서 도전하

는 개선, 혁신, 창의 프로세스를 거쳐 최상의 제품과 서비스를 창출하는 역량을 갖추어야 한다.

1등의 목표를 통해 도전을 할 수 있는 성장엔진을 탑재한다. 목표가 없는 것은 일을 하지 않는 것과 같다. 일을 한다는 것은 목적과 그 목적에 맞는 정확한 목표를 통해 일의 과정이 정해지고 담당자, 납기가 결정된다.

이러한 것을 워크 스마트하게 하기 위해서는 프로젝트 기반 업무를 하는 것이 매우 중요하다.

둘째, 원기 왕성한 목소리이다.

일을 하는 사람의 태도는 무척 중요하다. 태도는 목소리에서 나온다. 자신감 있는 목소리는 상대에게 신뢰감과 안정감을 주어 설득과 이해를 시키는 데 큰 도움을 준다.

자신감 없이 목소리에 힘이 없거나 눈치를 보는 것은 당당하지 못하다. 당당하다는 것은 무엇을 할지 준비가 되어 있는 것이다. 그러한 인재가 필요하다.

자신감 있고 도전정신이 있는 인재가 필요한 것이다. 도전 정신이 있다, 없다는 것은 목소리부터 판단된다.

"메라비언의 법칙"이 있다. 한 사람이 상대방으로부터 받는 이미지는 시각이 55%, 청각이 38%, 언어가 7%에 이른다는 법칙이다. UCLA의 심리학과 명예교수인 엘버트 메라

비언(Albert Mehrabian)이 1971년에 출간한 저서(Silent Messages)에 발표한 것으로, 커뮤니케이션 이론에서 중요시된다.

시각 이미지는 자세·용모와 복장·제스처 등 외적으로 보이는 부분을 말하며, 청각은 목소리의 톤이나 음색(音色)처럼 언어의 품질을 말하고, 언어는 말의 내용을 말한다.

이 이론에 따르면, 대화를 통하여 상대방에 대한 호감 또는 비호감을 느끼는 데에서 상대방이 하는 말의 내용이 차지하는 비중은 7%로 그 영향이 미미하다.

반면에 말을 할 때의 태도나 목소리 등 말의 내용과 직접적으로 관계가 없는 요소가 93%를 차지하여 상대방으로부터 받는 이미지를 좌우한다는 것이다.

셋째, 민첩한 행동이다.

행동이 빠르고 민첩한 것은 상황대응에 빠르게 대응해 나갈 수 있는 것을 나타내 준다. 일본 전산에서는 신입사원 채용 시 밥을 빨리 먹는 사원을 뽑는다고 한다.

이것은 밥을 빨리 먹는 사람치고 행동이 느린 사람은 없다는 것이고 상황대응과 학습역량도 빠르다는 것이다. 행동은 즉 실천이다. 실천을 통해 가치를 만들어 가는 과정이자 노력이다.

01. 프로젝트 리더의 기본 소양

02. 프로젝트 추진 기법

03. 프로젝트 리더의 역할 7DNA

02

프로젝트 추진 기법

프로젝트 일하는 방법

프로젝트를 추진하고 성장과 성과를 만들어 내어 새로운 가치를 발현시키기 위해서는 자신만의 독특한 일하는 방식과 방법에 대한 절차를 몸에 익히고 추진하여야 한다.

프로젝트는 일정한 절차에 의해서 추진되는데 특히, 프로젝트의 Life Cycle에 의해 그 절차가 정의되고 활동의 방법도 정의된다.

국제 프로젝트 관리협회에서 PMI에 제공하는 일반적인 절차를 활용하여도 좋고 각자 최적화된 추진 절차를 활용하여도 좋다. 중요한 것은 이러한 기법을 통해 팀원들의 성장과 가치 있는 성과를 창출해 내는 것이다.

프로젝트 리더가 추진기법 하나 없이 프로젝트를 추진한다는 것이 소경이 소경을 이끌고 가는 것과 같은 맹목적인 추종만을 강요해서는 아니 된다.

리더는 명확한 프로젝트의 목적과 목표를 이해하고 그것에 최적화된 추진절차를 통해 과정관리를 해 나가야 한다. 그것이 리더로서의 기능과 역할이며 학습해 나가야 할 부분이기도 하다.

다음의 3가지 프로젝트 추진절차를 소개한다. 이것은 저자가 20년간 프로젝트를 추진하면서 경험지적인 측면에서 완성한 추진 방법이다. 하나의 사례로서 이해하고 프로젝트 리더별로 자신만의 독특한 방법을 활용해도 좋을 일이다.

프로젝트 추진의 관리사이클은 매크로적인 것부터 시작해서 마이크로적인 관리 사이클로 복합적인 요소의 입체적 관리사이클로 구성, 추진된다.

1 프로젝트 추진단계 KH-PDCC Cycle

이 기법은 프로젝트의 시작, 과정, 종료까지의 전 단계를 정의한 4단계 추진 절차이다. Planning(계획단계) → Doing(실행단계) → Checking(점검단계) → Closing(종료단계)의

4단계이다. KH는 저자의 이름에 대해 이니셜을 따온 것으로 주로 활동되는 행동에는 다음과 같다.

첫째, 계획단계에서는 주로 프로젝트에 대한 Kick off를 통해 대외적으로 프로젝트의 시작임을 공식적으로 한다. Kick off 전에는 프로젝트 기획서와 보고, 승인을 받은 상태로 상사의 결재 사항과 더불어 전반적인 계획이 이루어지고 Kick off에서는 이것을 공유하고, 이해관계자들의 협업을 이끌어 내게 된다.

Kick off는 공식적인 것으로 주관자는 프로젝트 스폰서가 된다. 또한, 공청회는 통해 이해관계자 간의 소통과 협업을 촉진하고 상사의 의견을 잘 전달하도록 하는 채널을 구성하여 활동하는 시기이다.

둘째, 실행단계에서는 프로젝트를 추진할 수 있는 장소와 환경을 마련하고 사무 공간을 확보한다. 프로젝트 추진 시는 간단한 회의와 더불어 토의도 많이 하므로 방해를 받지 않는 장소를 활용하면 좋다.

또한, 실행단계에서는 프로젝트 기획서에 있는 활동계획서를 통해 실제 업무를 실행하게 된다. 실제 실행을 할 때는 리더는 팀원들의 기능과 역할을 업무 분장하고 그에 걸 맞는 업무가 추진되고 있는 지를 조언하고 지침을 주도록 하며 이것을 주관하는 회의체계나 정보공유체계도 구성을 해야 한다.

실행하는 사항에 대해 서로 혼란스러움을 방지하거나 몰라서 못하는 것을 방지하기 위해서는 여러 이해관계자들과의 정보공유채널을 어떻게 구축하고 협업을 이끌어 내느냐가 리더의 가장 중요한 업무이다.

물론 팀원들의 자율적인 정보공유의 체계도 있지만 프로젝트 리더로서 공식적인 정보와 의사결정 사항, 방향 등을 공유하고 조언을 받는 것은 재작업을 방지하고 실수를 예방하는 차원에서 무척 중요한 업무이다.

그리고 실행단계에서 팀원들은 가장 큰 성장과 성과를 만들어 낸다. 또한, 일을 추진하는 동안 여러 가지 도구들을 활용하고 기법을 터득하며 재미 있게 일을 하는 시기이기도 하다.

이해관계자들이 가장 많이 만나는 시기이므로 간담회나 워크샵 등의 실재적인 활동도 많이 일어나고 분위기를 부드럽게 하기 위해 식사 등도 이 시기에는 병행하는 것이 좋다.

셋째, 점검단계에서는 프로젝트 추진된 사항을 중간보고도 하고 그 동안 하기로 한 액션 아이템에 대한 점검하는 단계로서 아이템의 과정 관리, 산출물들의 내용 점검, 프로젝트를 하면서 배운 사항, 공유 등 성장과 성과에 대해 정리되는 시기로 볼 수 있다.

주로 보고서는 경과보고서로 추진되며 실행단계에서 펼쳐진 업무들에 대해 마디에 매듭을 짓는 단계이다. 특히, 상사나 이해관계자의 조언과 추가 사항들을 더해서 마지막으로 프로젝트의 활동에 대해 일부 수정할 수 있는 단계이기도 하다.

넷째, 종료단계에서는 결과에 대한 평가, 향후 추진계획, 교훈 요소의 공유(Lessons Learned) 등으로 크게 추진된다. 공식적으로 프로젝트의 완료를 선언하고 산출물 공유, 조언, 교훈 사항을 리뷰하고 향후 추진계획에 대한 방향 논의가 이루어진다.

향후 추가적인 프로젝트를 추가로 더 한 것인지 등의 논의도 이루어진다.

[그림 47]은 개인 브랜딩된 KH-PDCC Cycle을 나타낸 것으로 주요 활동 사항을 도식화한 것이다.

Category	Project Management – PDCC Cycle(전사교육체계구축)						
	1. Planning		2. Doing			3. Checking	4. Closing
				KH-SADE Cycle			
	Project Kick Off PJT Charter	Republic Hearing (1st)	TF Facility Set Up	1W: Sharing & Acceptance	2W: Doing(Peak)	3W: Evaluation	Republic Hearing (2nd)
Project Activities	1-1. 추진품의 1-2. 보고/승인 예) 3개년)1년)개월	1-3. 경영진공청회	2-1. PMO설치 (T/F ROOM)	2-2. PJT Mind/Skill set 회의체계, 보고체계, 공유체계 2-3. Interview (Needs)	2-4. Interview 정리 2-5. 용어의 정의 2-6. Guide Book 발간 직무분석 실시 2-7. 이해관계자 협의 2-8. 산출물 제정 2-9. 승인 (공청회)	3-1. 경과보고 3-2. 산출물발주 3-3. 공청회 준비 3-4. Lessons Learned 3-5. 결과보고	4-1. 임원, PJT Wrap Up 4-2. 향후 추진 계획 4-3. 주관처 간담회 4-4. 하위부서 설명회
Purpose	PJT목적에 맞는 기안서의 작성과 상사의 공식적 승인	추진방향에 대한 이해관계자 동의	TF원 사무공간 확보	TF원 교육을 통한 명확한 PJT의 이해와 실행, 성장과 성과의 방향과 팀웍 구축, 성과관리의 방법과 명확한 R&R, 다양한 기법과 의사 경정구조의 이해	산출물의 정리,완성, 이해관계자, 승인권자의 조언과 수정, 추가, 삭제 등 산출물의 형식지화 실제 직무분석 실행	PJT Confirm 결과보고서 작성/ 간담회 PJT 마무리, 동기부여 교훈사항 공유	공식적인 PJT 완료 선언 산출물의 공유 향후 추진계획 공유 동기부여

그림 47 KH-PDCC Cycle 프로젝트 추진 절차

2 실행단계의 KH-SADE Cycle

일을 추진할 때 시행착오를 줄이기 위해 KH-SADE Cycle의 Doing 단계와 Checking 단계에 걸쳐 KH-SADE Small Cycle을 활용한다. 이것은 공유와 수용을 제대로 하지 않고 무조건적인 밀어붙이기식 업무로 추진하는 사례에 대한 보완적인 업무추진 방법이라 할 수 있다.

이러한 사이클을 KH-SADE 사이클이라고 한다. 이것은 공유의 축(Sharing), 수용의 축(Acceptance), 실행의 축(Doing), 평가의 축(Evaluation)으로 나누어진다. 이 사이클은 일을 추진하는 데 있어 공유-수용-실행-평가에 대해 기준을 제공하며 공유와 수용이 일을 하기 전에 강조하는 사이클이다.

SADE 사이클은 공유-수용-실행-평가의 축을 고루 적용함으로써 몰라서 못하거나 이해가 안되어 못하는 것을 방지하고 충분한 실행을 통해 평가를 할 수 있도록 도와주게 된다.

공유의 축에서는 프로젝트원들이 프로젝트를 이해하고 용어의 폭을 좁히는 일들을 하게 된다.

수용의 축에서는 얼마나 받아들이느냐의 문제이다. 리더는 팀원들이 잘 이해하고 수용할 수 있도록 최대한 업무지원과 정보의 공유를 통해 신뢰를 얻어야 하며, 낭비적인 요소를 제거해 주어 업무추진이 원활히 되도록 지도, 지원해야 한다.

실행의 축에서는 즉 실천력의 행동양식과 과정관리를 통해 실질적인 산출물을 기대하게 된다. 이 단계에서는 팀원들의 역량 차이에 의해 성과가 가장 크게 나타나는 단계로 프로젝트 리더의 지원과 지도가 가장 큰 시기이며 이 시점을 잘 이끌어 나가는 것 역시 리더의 역량이다.

평가의 축에서는 절대비교와 상대비교를 통해 평가를 하는 것이다. 프로젝트 시작 초기에는 상대비교를, 프로젝트를 성장하고 안정기에 접어들면 절대비교의 수순으로 평가를 하면 동기부여에 기여를 많이 할 수 있다.

[그림 48]은 일을 추진하는 표준 사이클을 도식화한 것이다.

프로젝트를 추진하다 보면 몰이해와 수용성의 부족으로 인해 충분히 자신의 역량 대비 효율을 올리지 못하는 경우가 발생된다. 이것은 리더의 큰 잘못으로 팀원들에 대한 교육과 지도, 지원이 부족하기 때문이다.

이러한 것을 하지 않고 일방적인 실행과 평가는 팀원들의 역량의 위축과 프로젝트 추진 분위기를 저해하는 요소로 적용하게 된다.

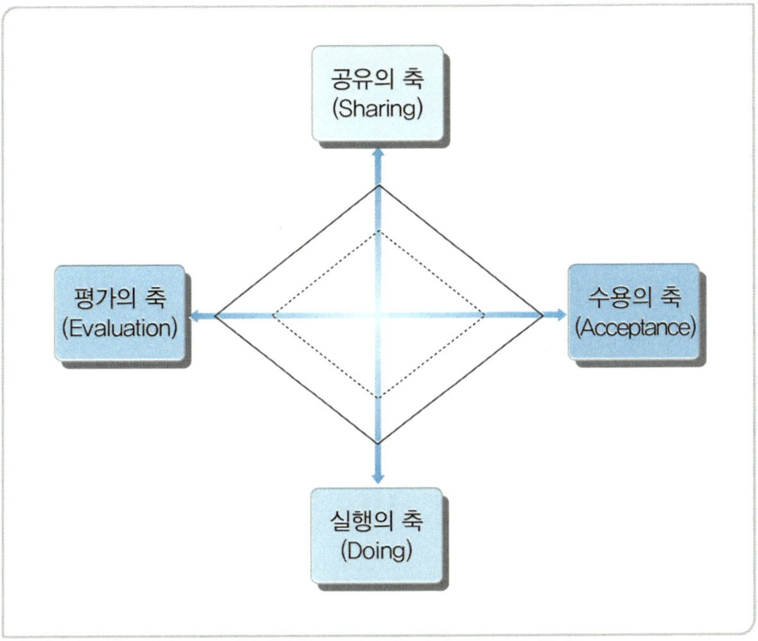

그림 48 일을 추진하는 표준 사이클

팀원들이 목적과 목표를 명확히 알고 실행하는 것은 성장과 성과를 내는 데 있어 매우 중요한 것으로 공유와 수용의 문제는 소통과 대화로서 잘 풀어 나가야 한다. 실행을 요구하고 지시하기 전에 공유와 수용의 문제를 다져 보았는지 꼭 점검을 해야 한다.

3 프로젝트 각 단계의 맛, MSH Cycle

프로젝트 리더뿐만 아니라 팀원들의 자율성과 주도성을 극대화하기 위해서는 평상시 일에 대한 선순환의 사이클이 필요하다. 이것이 바로 MSH 사이클이다. 이것은 Mind set → Skill set → Habit set의 3스텝으로 추진된다.

Mind set은 업무를 하는 데 있어 마음가짐, 열정의 정도로서 일을 하고자 하는 상태를 의미한다. 내적으로 동기부여된 팀원이 있고 반드시 외적으로 동기부여를 해 주어야 하는 팀원이 있다.

리더는 팀원들의 열정을 통해 일을 추진해야 한다. 그래야 팀원들의 성장과 목적한 바 있는 프로젝트의 성과를 달성할 수 있다. 프로젝트를 추진하면서 비공식적이고 비정기적으로 발전시켜 나가는 것이 중요하다.

첫째, 열정의 원칙

스스로가 자가 발전할 수 있는 열정 발전소를 구축하라. 열정은 살아 있다는 증거이다.

둘째, 목표의 원칙

목표와 열정은 하나로 연결된 파이프 라인이다. 작은 목표든 큰 목표든 반드시 수치적으로 구축하라.

셋째, 정도의 원칙

바람직한 모습, 정도를 향해 중심축을 지키자. 진정성이 있는 일을 하자.

넷째, 아이디어의 원칙

아이디어의 은행이 되라. 창의적인 아이디어는 생활의 활력소이자 얼굴이다. 끝까지 마디에 매듭을 지어 가치를 내라.

다섯째, 숲의 원칙

전체를 보고 마음을 다스려라.

수용성과 포용성은 큰 마음에서 나온다. 열린 사고의 원천은 크게 보고, 느끼고 행동하는 데 있다.

여섯째, 태도의 원칙

주도적이며 적극적으로 솔선수범 하라. 경청의 입장에 서라.

일곱째, 상생의 원칙

건전한 마인드는 상생을 기본으로 한다.
상호이익, 상호존중만이 모든 것을 선순환할 수 있다.
크고 좋은 생각을 하라.

Skill set은 일에 몰입해서 할 마음이 생겼다면 구체적으로 일을 하는 현장에서 어떻게 일을 풀어 나갈 것인지의 역량과 도구의 활용문제이다.

Skill 차이에 의해 성장과 성과의 차이가 나며 이것에 의해 역량의 발전과 과정 그리고 품질이 차이 날 수 있다.

첫째, 장인정신의 원칙

기능은 곧 전문성이다. 전문성을 확보하기 위해 기능을 익히고 배우자. 하나라도 전문적인 깊이까지 도전하라. 하나가 깊으면 다른 것은 수평적으로 연결된다.

둘째, 능력지수의 원칙

다량의 기능은 곧 역량의 표현이다. 많은 기능은 곧 시장성이다.

셋째, 잠재의 원칙

하나의 기능이 다른 기능으로 서로 연관성을 가지고 있어 가치사슬이 된다.

넷째, 학습의 원칙

기능을 배우는 데는 평생학습 개념이 들어간다.

다섯째, 자격증의 원칙

기능이 단순한 기능으로 끝나지 않도록 매듭을 자격증으로 꼭 지어라.

여섯째, 문제 해결의 원칙

문제 해결을 위해서는 수많은 기능이 필요하다.

기능과 기능이 합쳐져 또 다른 기능이 되어 문제 해결에 큰 열쇠가 될 것이다.

일곱째, 자산의 원칙

기능은 자신의 역량이다.

한 번 익힌 기능은 평생 자기자신의 자산이자 역량이다.

Habit set은 일을 하는 데 있어서 중요한 가치관이다. 좋은 습관은 좋은 결과를 만들어 내기 때문이다. 그러기 위해서는 평소 좋은 습관을 잘 만들어 내면화시켜야 한다.

첫째, 21의 원칙

습관은 하루아침에 생기는 것이 아니다.

21일 동안 꾸준히 할 때 습관은 내면화된다.

둘째, 해빙의 원칙

녹여라, 그리고 변화해서 다시 얼려라.

하나의 나쁜 습관을 없애기 위해서는 해빙의 원칙을 적용하라. 해빙 → 변화 → 동결

셋째, 단짝의 원칙

좋은 습관을 내면화하기 위해서는 같이 할 단짝을 구하라.

혼자서 좋은 습관을 만들어 내기 힘들다. 단짝을 만들어라.

넷째, 발전의 원칙

좋은 습관은 좋은 발전을 기약한다.

좋은 습관 속에서 미래를 설계할 수 있다.

다섯째, 지속성의 원칙

습관의 중요한 가치는 지속성에서 찾아야 한다.

반복성에서 깊은 변화를 읽어 낼 수 있는 능력이 생긴다.

여섯째, 목표의 원칙

목표는 나쁜 습관을 바꿀 명제가 된다.

크고 원대한 목표야말로 나쁜 습관을 바꿀 기회이자 유일한 방법이다.

일곱째, 어린이의 원칙

습관은 어릴 적부터 몸으로 체득하는 방법을 익히게 하라.

성인은 고정관념이 있어 습관을 바꾸기 어렵다.

01. 프로젝트 리더의 기본 소양

02. 프로젝트 추진 기법

03. 프로젝트 리더의 역할 7DNA

03

프로젝트 리더의 역할 7DNA

우수 사례를 보고 배우자

우수 사례를 통해서 우리는 현재와 미래를 알 수 있다. 그것을 통해 새로운 가치를 발현하고 실천해 나가야 한다. 그것이 바로 유능한 지식근로자의 생산성이다.

리더의 한 걸음은 팀원의 열 걸음

솔선수범의 자세와 적극적이고 활동적으로 앞서 행하는 자세가 중요하다.

리더가 앞에 서서 문제를 해결하고 실행해 나갈 때 팀원들의 신뢰와 믿음을 줄 수 있다. 신뢰가 깊은 리더에게 팀원들은 노력과 과정을 통해 성장과 성과로 대답한다.

나만의 리더십 스타일을 만들고 활용하자

프로젝트에 대한 명확한 목적과 목표를 인식하고 그에 적절한 일을 하는 방식과 방법을 찾아내고 적용하여 실행하는 것이 중요하다.

이것은 리더 스스로 학습과 경험을 통해 얻어지는 것이며 개인적인 프로젝트 관리의 역량은 자신의 업무 스타일에 따라 산포가 발생한다. 가급적 자신만의 프로젝트 추진 절차와 더불어 방법론을 개발하고 적용하여 체질화시켜야 한다.

집단지성을 아이디어의 원천으로 팀원을 참여시켜라

우리는 나보다 똑똑하다. 나보다 똑똑한 우리, 한 사람만의 독주적인 생각에 의한 실행은 실패의 확률을 높여준다. 가능하게 많은 전문가들의 경험과 이야기를 들어야 한다.

리더가 듣지 않고 게으름을 피울 때 팀원들은 더 이상 생각하지 않는다. 많이 듣고 질문하고 수용하고 포용하라. 그것이 리더의 덕이며 실력이다.

방향과 효율에 집중하고 몰입하라

낭비적이고 비효율적인 것을 배제하고 제거하여 부가가

치 활동을 늘이고 새로운 가치를 만들어 나간다.

그래서 방향과 효율을 생각하고 실행하는 것이 리더의 의무이자 책무이다. 선택과 집중과 중요도, 우선순위를 생각하며 일을 추진하자. 프로젝트에 대한 일의 로드 맵을 잘 그리면 그린대로 된다.

그림을 그린대로 이루어지는 것이 현실이다.

소통과 대화의 분위기를 만들고 칭찬하라

성장과 성과를 만들어 내기 위한 가장 중요한 커뮤니케이션 방법은 지시, 통제가 아니라 소통과 대화이다. 지시하는 분위기에서는 사고의 경직 현상이 온다.

지도와 지원을 하면서 팀원들을 동기부여하고 소통과 대화를 시도하라. 먼저 대화를 시도하는 것이 리더이며 그 속에서 일의 가치를 올리는 것도 리더이다.

그리고 성장과 성과를 팀원에게 돌려주자.

끊임없는 변화와 혁신을 실행하라

지속적인 변화와 혁신은 지속 가능한 자기경영, 조직경영, 기업경영을 유지시켜 준다. 새로움에 도전하고 해 보지 않은 일을 해 보라. 지금과는 다른 방법으로 개선, 혁신, 창조의 시도를 해 보자.

새로운 세상으로 들어가기 위해서는 새로운 생각에 과감한 실행력이 뒷받침되어야 한다. 지속적인 도전이야말로 지속 가능한 생명력이다.

지속적인 학습이 뒷받침되도록 노력하자

기술의 스피드가 빨라지고 사회의 속도가 빨라지면서 개인의 학습역량도 스피드를 더 해 가야 한다. 지속 가능한 경영의 원천은 새로운 콘텐츠의 확장과 확대이다. 이것을 가능하게 하는 것은 지속적은 학습을 통해 새로운 시각을 만들어 내는 것이다. 새로움을 만들어 내는 원재료는 바로 학습이다.

자신의 분야뿐만 아니라 타 분야의 전문적인 내용까지 이해 가능하고 활용 가능하도록 개인의 지식경영이 매우 중요한 시대가 되었다.

특히, 리더는 업무를 추진하는데 있어 원가의식과 책임의식, 품질의식 등 갖추어야 할 역량을 위해 노력하고 실천해 나갈 때 진정한 리더로서 성장하게 된다.

저자소개

이 경 환 / 국제공인 프로젝트 관리기술사

직장인의 생각과 태도에 관련한 직장생태학자로서 삼성전자 30년 근무를 통한 이론과 경험을 축적하여 강의 및 컨설팅 현장에서 1등 인재를 양성하고 있다. 특히, 중·강소기업의 "HRD 역량컨설팅"을 통해 소재·부품·장비 기업들의 기술역량 내재화 및 교육역량 고도화를 위한 상생협력 동반성장 생태계를 구축하는 컨설팅 대표 및 자문활동을 하고 있다. 좋은 생각과 아이디어를 통해 학습하고 혁신하며 성장과 성과를 이루는 대한민국 1등인재의 생태계를 진화시키고 성장시키는 일을 하고 있다.

[경력]
전자공학사. 경영 MBA, 산업공학 박사(학습조직)
현) 주식회사 칸 대표이사 / euvkhan@naver.com
현) 한국직무역량컨설팅 대표 컨설턴트

삼성전자(반도체) 공채 31기
삼성전자 DS부문 인사팀 근무

국제공인 프로젝트관리기술사(Project Management Professional)로서 삼성전자 DS부문 SW Academy, TRIZ 사무국, Sales & Marketing Academy, 설비연수센터, 제조 교육훈련 시스템구축, 서울대 Data Scientist, 반도체 협력사 교육과정/체계 구축 프로젝트 추진 리더로서 핵심인재 인적자원 양성체계의 프로젝트 PM 활동을 하였다.

삼성전자 공과대학 교학처부장으로 중장기 3개년 대학 발전 프로젝트 추진하였으며 TPM 추진위원회 위원 및 삼성전자 현장교육 발전위원회 위원으로 제조 생산성 극대화 및 직무전문가 과정개발 및 양성하는 리더로서 프로젝트 추진하였으며, 삼성전자 우수강사 평가위원 및 중앙공무원 연수원 교육훈련 경진대회 심사위원으로 기술역량 내재화를 위한 기업 및 공무원 강사 양성관련 프로젝트를 추진하였다.

현재, 소재, 부품, 장비 중·강소기업 HRD역량 컨설팅 "PDCC 프로젝트 추진" 모델을 개발하여 전사 교육체계구축 및 1등의 시내강사제도와 신입사원 조기전력화 프로젝트에 적용하고 있으며, 대한민국 스타훈련교사 1기(전략기획 사무국장)로서 직업훈련교사의 양성과 산업현장의 직업훈련에 헌신하고 있다.
삼성그룹 AHA SAMSUNG HRD 논문상(삼성전자 인적자원경력관리 시스템 구축)
정부 직업의 날 직업능력개발 유공포상(고용노동부장관상, 2011)
대한민국 HRD대(2013), 용인시 시정발전 유공포상(2015)
삼성전자/삼성디스플레이 협성회 공로상(협성회장상, 2019)

[저서] 직장생태학(맥그로우 컨설팅)
[논문] 차세대 학습조직 구축방법론에 관한 연구학습조직 구축과 DLOQ적용 기업 간 상호비교, 학습조직의 OJF모형과 적용에 관한 사례연구, 식스시그마 방법론에 따른 교육 후 ROI 평가모형 적용예술창조 메카니즘을 통한 창조적 공학도의 육성방안 연구, TPM분임조 활동의 제약요소와 그 해결방안에 관한 고찰

프로젝트 리더 실무론

초　판 1쇄 인쇄 —— 2021년 4월　5일
초　판 1쇄 발행 —— 2021년 4월 10일
지은이 —— 이 경 환
펴낸이 —— 전 두 표
펴낸곳 —— 도서출판 **두남**
서울시 강동구 성내로 6길 34-16 두남빌딩
신 고 : 제25100-1988-9호
TEL : 02) 478-2065~7, 2311
FAX : 02) 478-2068
E-mail : dunam1@unitel.co.kr
http://www.dunam.co.kr

정가 12,000원

ISBN 978-89-6414-908-9　13320